U0875542

Liqing Lumian Jiliao Texing yu Jiagong Jishu

沥青路面集料特性与加工技术

刘 涛 杨东来 黄维蓉 著

人民交通出版社
China Communications Press

内 容 提 要

影响沥青路面质量的因素众多，但大多数研究表明，沥青性能对沥青路面质量影响占26%左右，集料质量影响占60%左右，加强集料质量控制尤为重要。

本书是在广东省交通厅2008年度科技项目“沥青路面集料加工关键技术研究”的基础上编写完成。其内容包括：岩石性能，不同岩石集料的性能，集料标准化加工工艺与技术，集料标准化加工质量控制体系，工程应用实例，国内外集料加工管理状况等，共6章。书中列举了部分应用于广东公路建设的实例，具有较好的参考价值。

本书适合从事公路路面集料加工、路面设计、施工及质量管理的相关科研及技术人员使用，亦可供高等院校土木工程相关专业师生学习参考。

图书在版编目(CIP)数据

沥青路面集料特性与加工技术 / 刘涛, 杨东来, 黄维蓉著. -- 北京 : 人民交通出版社, 2013.4

ISBN 978-7-114-10498-5

Ⅰ.①沥… Ⅱ.①刘… ②杨… ③黄… Ⅲ.①沥青路面－路面材料－研究 Ⅳ.①U416.217

中国版本图书馆CIP数据核字(2013)第062349号

书　　名：沥青路面集料特性与加工技术
著 作 者：刘　涛　杨东来　黄维蓉
责任编辑：尤晓暐　韩亚楠
出版发行：人民交通出版社
地　　址：(100011) 北京市朝阳区安定门外外馆斜街 3 号
网　　址：http://www.ccpress.com.cn
销售电话：(010) 59757973
总 经 销：人民交通出版社发行部
印　　刷：北京鑫正大印刷有限公司
开　　本：720×960 1/16
印　　张：7.5
字　　数：128 千
版　　次：2013 年 4 月　第 1 版
印　　次：2013 年 4 月　第 1 次印刷
书　　号：ISBN 978-7-114-10498-5
定　　价：46.00 元

作者简介

刘涛，男，1970年出生，广东龙川人，1993年毕业于重庆交通学院，2004年毕业于暨南大学，获管理学硕士学位，2012年毕业于华中科技大学土木与力学学院，获工学博士学位。现在广东省长大公路工程有限公司工作，教授级高级工程师，享受国务院特殊津贴专家，主要从事路桥施工技术和管理研究。近年来，完成多个课题研究并发表论文多篇，荣获省部级科学技术奖一、二、三等奖和全国交通行业优秀科技人员称号。

杨东来，男，1965年出生，浙江人，长安大学机械设计与理论专业博士。现在广东省长大公路工程有限公司工作，教授级高级工程师，主要从事路桥施工技术和管理研究。近年来，获得发明专利6项和实用新型专利3项，主持编写省级工法4项、公路工程工法2项，完成多个课题研究并发表论文多篇，荣获省部级、公路学会科学技术奖多项。

黄维蓉，女，1970年出生，重庆梁平人，现在重庆交通大学从事教学和科研工作，教授，主要从事路桥工程材料与施工技术研究与教学工作。近年来，主持完成多个课题研究并发表论文50多篇，主编和参编教材5种，荣获省部级科学技术进步奖一等、二等、三等奖多项。

前　言

随着国民经济的发展，我国公路建设步伐不断加快。2004年12月17日，国务院审议通过《国家高速公路网规划》，规划确定国家高速公路网采用放射线与纵横网格相结合的布局形态，构成由中心城市向外放射以及横连东西、纵贯南北的公路交通大通道，包括7条首都放射线、9条南北纵向线和18条东西横向线，简称为“7918网”，总规模大约为8.5万公里。规划的实施对我国经济社会的发展及公众的生活方式和质量产生重大而深远的影响，使我国高速公路发展进入了新的历史阶段。

我国虽已跻身高速公路大国，但并非高速公路强国，我国高速公路质量与美国等发达国家相比还有较大距离，相比而言，早期破损问题非常突出，沥青路面普遍无法达到设计寿命。路面破坏问题的严重性引起了政府、学术界、工程界、企业界及道路使用者等社会各界的广泛关注。沥青路面的早期破坏主要有三个特点：①损坏时间早。有些路面建成后不久甚至在建成当年就出现严重的损坏现象；②损坏范围宽。全国各地都不同程度地存在早期损坏现象；③损坏程度重。有些损坏已不限于面层，也涉及了基层，必须进行路面重建。沥青路面的主要破坏形式有：车辙变形、路面开裂及松散、坑槽、网裂、唧浆等。

沥青路面破坏与我国的国情有关，一方面，我国沥青路面研究起步较晚、基础较差，超载现象严重等。另一方面，沥青性能和沥青路面施工设备与发达国家不相上下，但集料性能与国外存在一定差异，其生产加工以及管理水平也相对落后。

随着我国对公路尤其是高等级公路建设投资力度的加大，对沥青路面提出了更高甚至是苛刻的要求。为了保证工程质量，我国高等级公路中的沥青路面无一例外都要求采用进口沥青、改性沥青甚至是进口改性沥青，使路面造价增加。造成这种现象的原因是人们认为沥青路面的性能主要依赖于沥青黏结料的性能，即混合料中5%左右的沥青的性能。我国现行沥青混合料设计方法，更多的也是考虑沥青用量、沥青性能的变化。当混合料不能满足要求时，就通过改变沥青的用量或调整沥青品种来实现。为了摆脱路面性能主要依赖于沥青性能的困境，有必要对占混合料95%左右的矿料进行系统的分析和研究。而当今国内外对沥青混合料的集料级配、几何特征研究较多，但对工程实践来说，集料级配、几何特征都属于集料加工工艺和质量控制范畴，更需要研究集料的加工工艺及质量控制方式等。

本书是作者在对国内外沥青路面集料加工情况调研分析的基础上，针对岩石资源、道路建设、环境保护等特点，对沥青路面集料加工工艺、质量控制、管理机制等进行了系统深入的研究，研究成果在多条高速公路沥青路面工程中应用，取得了显著的社会经济效益，最后将研究成果整理形成专著。作者相信，集料加工技术若能向全国推广，我国沥青路面质量将会有较大的提高。

感谢所有为本书收集、提供文献资料的同志。感谢周进川研究员给予的指导和建议。感谢人民交通出版社尤晓暐为本书出版付出的辛勤劳动。

限于作者的学识水平和实践经验，书中不足之处，恳请读者批评指正。

刘　涛　杨东来　黄维蓉

2012年12月

目　　录

1 岩　石

岩石是各种不同的地质作用所形成的天然矿物的集合体。岩石的性质由其矿物成分及结构构造决定。

自然界有各种各样的岩石，按成因可分为岩浆岩、沉积岩和变质岩3大类。

1.1 造岩矿物

矿物是指地壳中受各种不同地质作用所形成的具有一定化学组成和物理性质的单物质或化合物。自然界中的矿物种类极多，但造岩矿物种类却少，仅有二三十种。各种造岩矿物由于化学成分和结构特征不同，具有不相同的颜色和特性，常见的造岩矿物见表1-1。

常见造岩矿物的颜色和特性　　表1-1

造岩矿物	组　成	密度 (g/cm^3)	颜　色	特　性
石英	二氧化硅	2.65	白色、乳白色和浅灰色	坚硬、稳定、耐久，具有贝状断口、玻璃光泽
长石	铝硅酸盐	2.5～2.7	白、浅灰、红、青和暗灰色	强度、稳定性、耐久性较石英低，且易风化，性脆
云母	含水铝硅酸盐	2.7～3.1	无色透明至黑色	易分裂成薄片，影响岩石的耐久性和磨光性
角闪石 辉石 橄榄石	结晶的铁、镁硅酸盐	3～4	暗绿、棕色或黑色	强度高、坚固、耐久、韧性大
方解石	碳酸钙	2.7	白色、灰色	硬度不大、强度高，遇酸分解，解理完全
白云石	碳酸钙镁复盐	2.9	白色、灰色、淡红或淡黄色	物理性质与方解石相近，强度略高
黄铁矿	二硫化铁	5	金黄色	遇水及氧化作用后生成游离的硫酸，污染并破坏岩石

1.2 岩石的结构及构造

结构是指岩石中矿物的结晶程度、晶粒大小、晶体形状及其相互结合的情况；构造是指岩石中不同矿物集合体之间或矿物集合体与其他组成部分之间的排列和充填方式。

由一种矿物组成的岩石称为单矿岩（如石灰岩）。单矿岩的性质由其矿物成分及结构构造决定。由两种以上矿物组成的岩石称为多矿岩（如花岗岩）。多矿岩的性质由其组成矿物的相对含量及结构构造决定。天然岩石根据其形成的地质条件不同，可分为岩浆岩、沉积岩和变质岩3大类，具有显著不同的结构和构造，具体性能见表1-2和表1-3。

3大类岩石的分类 表1-2

岩石	岩浆岩（火成岩）	深成岩	花岗岩、正长岩、辉长岩、橄榄岩、闪长岩
		喷出岩	玄武岩、安山岩、辉绿岩
		火山岩（火山碎屑岩）	火山灰、火山砂、浮石、凝灰岩
	沉积岩	机械沉积岩	砂岩、页岩
		化学沉积岩	石膏、白云岩、菱镁矿
		生物沉积岩	石灰岩、硅藻土
	变质岩	正变质岩	片麻岩
		副变质岩	大理岩

3大类岩石的主要区别 表1-3

特征	岩浆岩	沉积岩	变质岩
矿物成分及其特征	组成岩浆岩的矿物以硅酸盐矿物为主，其中最多的是长石、石英、黑云母、角闪石、辉石、橄榄石等，其中颜色较浅的，称浅色矿物，因以二氧化硅和钾、钠的铝硅酸盐类为主，又称硅铝矿物，如石英、长石等；其中颜色较深的，称暗色矿物，因以含铁、铁的硅酸盐类为主，又称铁镁矿物，如黑云母、角闪石、辉石、橄榄石等	组成沉积岩的矿物成分有160余种，但比较重要的仅有20余种，如石英、长石、云母、黏土矿物、硅酸盐矿物、卤化物及含水氧化铁、锰、铝矿物等。在一般沉积岩中矿物，成分不过1～3种，很少超过5～6种	组成变质岩的矿物成分，按其成因可分为： ①新生矿物（变晶矿物）。在变质作用过程中新生成的矿物。如黏土岩经过变质后生成的红柱石； ②原生矿物。在变质作用过程中保留下来的原岩中的稳定矿物。如云英岩中的一部分石英就是花岗岩在云英岩化过程中保留下来的原生矿物； ③残余矿物。在变质作用过程中残留下来的原岩中的不稳定矿物，如花岗岩在云英岩化过程中残留有不稳定的长石结构和构造

续上表

特征	岩 浆 岩	沉 积 岩	变 质 岩
结构和构造	①具粒状、玻璃、斑状结构，气孔、杏仁、块状等构造； ②除喷出岩外，没有层状、片状等构造	①结构复杂，因形成环境而异； ②具层理，在层面上有波痕	①具有片理； ②板状、片状、片麻状构造，结晶质结构； ③砾石及晶体因受力可能变形

1.3 岩石的技术性质

岩石的技术性质决定于其组成矿物的种类、特征以及结合状态，包括物理性质、力学性质和工艺性质。岩石因生成条件各异，常含有不同种类的杂质，矿物组成有所变化，即使是同一类岩石，其性质也可能有很大差别。因此，使用前都必须进行检验和鉴定。

1.3.1 物理性质

1. 密度

毛体积密度是指岩石单位毛体积的质量，也称天然密度。表观密度是指岩石单位表观体积的质量。表观密度与其矿物组成和孔隙率有关，它能间接反映岩石的致密程度和孔隙多少。在通常情况下，同种岩石的表观密度愈大，其抗压强度愈高，吸水率愈小，耐久性愈好。致密的岩石，如花岗岩、大理石等，其表观密度接近于其密度，为2 500～3 100kg/m^3；而孔隙率较大的岩石，如火山凝灰岩、浮石等，其毛体积密度为500～1 700kg/m^3。

天然岩石按表观密度大小可分为重石（大于1 800kg/m^3）和轻石（小于1 800kg/m^3）两类。重石可用于建筑物的基础、地面、房屋外墙、桥梁及水工构筑物等；轻石主要用作墙体材料。

2. 吸水性

吸水性是指岩石在规定条件下吸入水分的能力。吸水性的大小常用吸水率和饱水率来表征。该指标可有效地反映岩石微裂隙的发育程度，判断岩石的抗冻和抗风化等性能。

吸水率是石料试样在常温、常压条件下最大的吸水质量占干燥试样质量的百分率。饱水率是石料在常温及真空抽气条件下，最大吸水质量占干燥试样质量的百分率。

吸水率低于1.5%的岩石称为低吸水性岩石；介于1.5%～3.0%的称为中吸水

性岩石；高于3.0%的称为高吸水性岩石。

岩石的吸水性主要与其孔隙率及孔隙特征有关。深成岩以及许多变质岩孔隙率都很小，因而吸水率也很小。例如花岗岩的吸水率通常小于0.5%；沉积岩由于形成条件的不同，胶结情况和密实程度亦不同，因而孔隙率与孔隙特征的变化很大，其吸水率的波动也很大。例如致密的石灰岩，吸水率可小于1%；而多孔贝壳石灰岩，吸水率高达15%。

岩石的吸水性对强度和耐水性有很大影响。岩石吸水后会降低颗粒之间的黏结力，使结构减弱，从而使强度降低。有些岩石容易被水溶蚀。吸水性强且易溶蚀的岩石，其耐水性较差。吸水性还影响到其他一些性质，如导热性、抗冻性等。

3. 耐水性

岩石的耐水性用软化系数（K）表示。根据软化系数的大小，岩石耐水性可分为高、中和低三个等级。$K>0.90$的岩石为高耐水性岩石；$K=0.70 \sim 0.90$的为中耐水性岩石；$K=0.60 \sim 0.70$的为低耐水性岩石。一般$K<0.80$的岩石，不允许用于重要建筑。

4. 抗冻性

岩石的抗冻性用冻融循环次数来表示。岩石在水饱和状态下，经规定次数的反复冻融循环，若无贯穿裂纹且质量损失不超过5%、强度损失不超过25%时，则为抗冻性合格。岩石的抗冻标号分为D5、D10、D15、D25、D50、D100、D200等。

岩石的抗冻性与其矿物组成、晶粒大小及分布均匀性、天然胶结物的胶结性质等有关。

5. 耐热性

岩石的耐热性取决于其化学成分及矿物组成。含有石膏的岩石，在100℃以上时开始破坏；含有碳酸镁的岩石，当温度高于725℃时会发生破坏；含有碳酸钙的岩石，温度达827℃时开始破坏。由石英和其他矿物所组成的结晶岩石，如花岗岩等，当温度达到700℃以上时，由于石英受热发生膨胀，强度会迅速下降。

6. 导热性

岩石的导热性主要与其表观密度和结构状态有关。重质岩石导热系数可达2.91 ~ 3.49W/（m·K）；轻质岩石的导热系数则在0.23 ~ 0.70W/（m·K）。相同成分的岩石，玻璃态比结晶态的导热系数小，封闭孔隙的导热性差。

常见岩石的性质指标见表1-4。

常见岩石的性质指标　　表1-4

岩石名称	表观密度（g/cm³）	毛体积密度（g/cm³）	孔隙率（%）	吸水率（%）	软化系数
花岗岩	2.50 ~ 2.84	2.30 ~ 2.80	0.04 ~ 2.80	0.10 ~ 0.70	0.75 ~ 0.95
闪长岩	2.60 ~ 3.10	2.52 ~ 2.96	0.20 ~ 0.30	0.30 ~ 0.38	0.60 ~ 0.84
辉长岩	2.70 ~ 3.20	2.55 ~ 2.98	0.29 ~ 1.13	—	0.44 ~ 0.90
辉绿岩	2.60 ~ 3.10	2.53 ~ 2.97	0.29 ~ 1.13	0.80 ~ 5.00	0.44 ~ 0.90
玄武岩	2.60 ~ 3.30	2.54 ~ 3.10	1.20 ~ 1.40	0.25 ~ 0.35	0.70 ~ 0.92
砂岩	2.50 ~ 2.75	2.20 ~ 2.70	1.60 ~ 28.30	0.20 ~ 7.00	0.44 ~ 0.97
石灰岩	2.48 ~ 2.76	2.30 ~ 2.70	0.53 ~ 27.00	0.10 ~ 4.45	0.58 ~ 0.94
片麻岩	2.63 ~ 3.01	2.60 ~ 3.00	0.30 ~ 2.40	0.10 ~ 3.20	0.91 ~ 0.97
片岩	2.75 ~ 3.02	2.69 ~ 2.92	0.02 ~ 1.85	0.10 ~ 0.20	0.49 ~ 0.80
板岩	2.84 ~ 2.86	2.70 ~ 2.78	0.40 ~ 0.50	0.10 ~ 0.30	0.52 ~ 0.82
大理岩	2.70 ~ 2.87	2.63 ~ 2.75	0.10 ~ 6.00	0.10 ~ 0.80	—
石英岩	2.63 ~ 2.84	2.60 ~ 2.80	0.01 ~ 8.70	0.10 ~ 1.45	0.95 ~ 0.97

1.3.2　力学性质

1. 抗压强度

我国现行《公路工程岩石试验规程》（JTG E41—2005）中规定，采用单轴加荷的方法对规则形状的石料试样进行抗压强度试验。路面工程用的石料试件尺寸为边长50mm ± 2mm的正立方体或直径与高均为50mm ± 2mm的圆柱体。桥梁工程用的石料试件为边长70mm ± 2mm的立方体。砌筑用岩石的抗压强度由边长为70mm的立方体试件进行测试，以3个试件抗压强度的平均值表示。根据抗压强度（MPa）划分为9个强度等级，并用符号MU表示：MU100、MU80、MU60、MU50、MU40、MU30、MU20、NU15及MU10。

岩石抗压强度的大小，取决于岩石的矿物组成、结构与构造特征、胶结物种类及均匀性等因素。例如，组成花岗岩的主要矿物成分中石英是很坚硬的矿物，其含量愈高则花岗岩的强度也愈高；而云母为片状矿物，易分裂成柔软薄片，因此，岩石中云母含量愈多，则其强度愈低。结晶质岩石强度比玻璃质的高，等粒状结构的强度比斑状的高，构造致密的岩石强度比疏松多孔的高；具有层状、带状或片状结构的岩石，其垂直于层理方向的抗压强度比平行于层理方向的高。沉积岩由硅质物胶结的，其抗压强度较高；由石灰质物胶结的次之；泥质物胶结的则较小。

2. 冲击韧性

岩石的抗拉强度比抗压强度小得多，拉压比为1/20~1/10，是典型的脆性材料。这是岩石区别于金属材料和木材的重要特征，是限制其使用范围的重要原因。

岩石的冲击韧性决定于其矿物组成与构造。石英岩、硅质砂岩脆性很大；含暗色矿物较多的辉长岩、辉绿岩等具有相对较大的韧性。通常，晶体结构的岩石较非晶体结构的岩石韧性好。

3. 硬度

岩石的硬度以莫氏硬度或肖氏硬度表示，它取决于组成矿物的硬度与构造。凡由致密、坚硬矿物组成的岩石，其硬度较高。岩石的硬度与抗压强度具有良好的相关性。一般抗压强度愈高，其硬度也愈高；硬度愈高，其耐磨性和抗刻划性愈好，但表面加工愈困难。

4. 耐磨性

耐磨性是指岩石在使用条件下抵抗摩擦、边缘剪切以及冲击等复杂作用的性质。岩石的耐磨性以单位面积磨耗量表示。岩石耐磨性与其组成矿物的硬度、结构、构造特征以及岩石的抗压强度和冲击韧性等有关。组成矿物愈坚硬、构造愈致密以及岩石的抗压强度和冲击韧性愈高，则岩石的耐磨性愈好。

1.3.3　化学性质

石料的主要化学成分为氧化硅、氧化钙、氧化铁、氧化铝、氧化镁，以及少量的氧化锰、三氧化硫等。在大多数情况下，这些氧化物的化学稳定性较好，石料本身是一种惰性材料。然而，当与水接触时，石料的化学成分比例直接影响集料的亲水性以及集料与沥青的黏附性。在道路工程中，通常按照氧化硅SiO_2的含量（含量<52%、52%~65%和>65%），将石料分为碱性集料（钙质石料）、中性集料和酸性集料（硅质石料）。大部分硅质石料，如花岗岩、石英岩等在水中带有负电荷，亲水性较大，而石灰岩等钙质石料在水中带正电荷，亲水性较弱，见表1-5。由于石料对水的亲和力大于对沥青结合料的亲和力，水可能将集料上的沥青膜剥落，导致沥青混合料强度的降低。石料的亲水系数越大，水对沥青混合料水稳定性的影响就越大。

不同岩石的化学组成比例与亲水系数　　表1-5

岩石名称	石英石	花岗石	石灰石
SiO_2含量范围（%）	80~100	64~80	0~50
亲水系数	1.06	0.98	0.79

1.3.4 工艺性质

岩石的工艺性质是指其对开采与加工的适应性，包括可加工性、磨光性和抗钻性等。

（1）可加工性：是指对岩石进行劈裂、破碎与凿琢等加工时的难易程度。强度、硬度较高的岩石，不易加工；质脆而粗糙、有颗粒交错的结构、含有层状或片状构造以及已风化的岩石，都难以满足加工要求。

（2）磨光性：是指岩石能否研磨成光滑表面的性质。致密、均匀、细粒结构的岩石，一般都有良好的磨光性，通过一定的研磨、抛光工艺可获得光亮、洁净的表面，从而充分展现天然岩石斑斓的色彩和纹理质感，获得良好的装饰效果。疏松多孔、有鳞片状结构的岩石，磨光性均较差。

（3）抗钻性：是指岩石钻孔的难易程度。影响抗钻性的因素很复杂，一般与岩石的强度、硬度、冲击韧性等性质有关。

1.4 常用岩石类型

工程中常用岩石主要有花岗岩、石灰岩、砂岩、玄武岩、辉长岩，其特性如下所述。

1. *花岗岩*

花岗岩为典型的岩浆岩，其矿物组成主要为长石、石英及少量暗色矿物和云母。花岗岩的颜色取决于造岩矿物的种类和数量，通常有深青、浅灰、黄、紫红等颜色。优质花岗岩晶粒细而均匀，构造密实，石英含量多，云母含量少，不含黄铁矿等杂质，长石光泽明亮，没有风化迹象。花岗岩的技术特性是：密度为2.6～2.8g/cm^3，结构致密，抗压强度为120～250MPa，孔隙率小，吸水率极低，材质坚硬，耐磨性强，化学稳定性好，装饰性好，耐久性好。因其含有大量石英，所以不抗火。

2. *石灰岩*

石灰岩俗称灰岩或青石，是分布极广的沉积岩。主要矿物成分为方解石，但常含有白云石、菱镁矿、石英、蛋白石、含铁矿物及少量黏土等。因此，石灰岩的化学成分、矿物组成、致密程度以及物理性质等差别甚大。

石灰岩通常为白色、浅灰色，因含有杂质而呈深灰、浅黄或浅红等色，其构造有散粒、多孔和致密等类型。石灰岩的表观密度为2.6～2.8g/cm^3，抗压强度为20～160MPa，质地细密、坚硬，抗风化能力较强。硅质石灰岩强度高，硬度大，耐久性好。当石灰岩中黏土等杂质的含量超过3%～4%时，石灰岩的抗冻性和耐水性显著降低。当杂质含量较高时，则成为其他岩石，如黏土含量为25%～60%的称为泥灰岩，碳酸镁含量为40%～60%时称为白云岩。

石灰岩分布极广，硬度低，开采加工容易。作为地方材料，广泛用于土木工程中的基础、墙体、桥墩、台阶及一般砌石工程。石灰岩加工成碎石，可用作水泥混凝土集料、沥青混合料集料或道路基层用集料。由于方解石易被溶解侵蚀，石灰岩不能用于酸性或含游离二氧化碳较多的水中。

3. *砂岩*

砂岩属于沉积岩，为碎屑结构，层状构造，主要矿物为石英、少量长石、方解石、白云石及云母等。根据胶结物的不同，砂岩可分为：①由氧化硅胶结而成的硅质砂岩；硅质砂岩密实，坚硬耐久，耐酸，性能接近于花岗岩，常呈淡灰色。②由碳酸钙胶结而成的钙质砂岩；钙质砂岩有一定的强度，容易加工，是砂岩中最常用的一种，但质地较软，不耐酸，呈白色或灰色。③由氧化铁胶结而成的铁质砂岩；铁质砂岩性能稍差，其中密实铁质砂岩仍可以用于一般建筑工程，常呈红色；④由黏土胶结而成的黏土质砂岩。黏土质砂岩性能较差，易风化，长期受水作用会软化，甚至松散，在建筑工程中一般不用，颜色呈灰黄色。

由于砂岩的胶结物和构造的不同，其性能波动很大，即使是同一产地的砂岩，性能也存在很大差异，抗压强度为5～200MPa，表观密度为2.2～2.8g/cm^3。建筑上可根据砂岩技术性能的不同，应用于基础、勒脚、墙体、踏步等处。

4. *玄武岩*

玄武岩是分布最广的喷出岩，由斜长石、辉石和橄榄石组成，颜色较深，常呈玻璃质或隐晶质斑状结构，有时也呈气孔状或斑状构造。玄武岩硬度高，脆性大，抗风化能力强，抗压强度随其结构和构造的不同而变化较大，大约在100～500MPa，表观密度为2.8～3.5g/cm^3。常作为高强混凝土的集料和铺筑道路的路面用料。

5. *辉长岩*

辉长岩的主要矿物组成为斜长石、辉石及少量橄榄石，等粒结晶质结构和块状构造，常呈黑、墨绿、古铜色。辉长岩表观密度为2.7～3.3g/cm^3，抗压强度范围200～350MPa，韧性及抗风化性好，易于琢磨抛光，常作为承重材料和饰面材料。

6. *石英岩*

石英岩由硅质砂岩变质而成，结构均匀致密，矿物成分主要是结晶氧化硅。在几种主要岩石中，石英岩的强度大约250～400MPa，十分耐久，但由于硬度较大，加工困难。

7. 片麻岩

片麻岩是由花岗岩变质而成的，其矿物成分与花岗岩类似。片麻岩结晶大多是等粒或斑状的，外表美观，因呈片状构造，各向性质不同。垂直于片理方向的抗压强度大（120～250MPa），沿片麻岩的片理易于开采加工，但在冻融循环作用下，易成层剥落。通常制成碎石、片石及料石等，用于地方性的一般建筑工程。

2 集　料

集料是由不同粒径矿物颗粒组成的混合料，在沥青混合料或水泥混凝土中起骨架和填充作用，包括天然砂、人工砂、卵石、碎石、工业冶金矿渣、再生集料等。

天然砂是指经自然风化、流水搬运和分选、堆积形成的粒径小于4.75mm的岩石颗粒，包括河砂、湖砂、山砂和淡化海砂等，但不包括软质岩石、风化岩石的颗粒。

人工砂是指经人为加工处理得到的符合规格要求的细集料，通常指石料加工过程中采取真空抽吸等方法除去大部分土和细粉，或将石屑水洗得到的洁净的细集料。机制砂是由碎石及砾石经制砂机反复破碎加工至粒径小于2.36mm的人工砂，但不包括软质岩石、风化岩石的颗粒，亦称破碎砂。混合砂是由天然砂、人工砂、机制砂或石屑等按一定比例混合形成的细集料。

卵石是由自然风化、流水搬运和分选、堆积形成的粒径大于4.75mm的岩石颗粒。

碎石是将天然岩石或卵石经机械破碎、筛分制成的粒径大于4.75mm的岩石颗粒。

工业冶金矿渣一般是指金属冶炼过程中排出的非金属熔渣，常指高炉矿渣和钢渣等，是一类具有独特性能的人造石料。

在沥青混合料中，粗集料是指粒径大于2.36mm的碎石、破碎砾石、筛选砾石和矿渣等；在水泥混凝土中，粗集料是指粒径大于4.75mm的碎石、砾石和破碎砾石。

在沥青混合料中，细集料是指粒径小于2.36mm的天然砂、人工砂（包括机制砂）及石屑；在水泥混凝土中，细集料是指粒径小于4.75mm的天然砂、人工砂。

集料最大粒径指集料100%全部通过的最小标准筛筛孔尺寸；集料公称最大

粒径指集料可能全部通过或允许少量不通过（筛余部超过10%）的最小标准筛筛孔尺寸。通常集料公称最大粒径比集料最大粒径要小一个粒级。工程中的最大粒径往往指公称最大粒径。

2.1 集料的技术性质

2.1.1 集料的物理性质

1. 密度

集料是矿物颗粒的散粒状混合物，其体积组成除包括矿物及矿物间孔隙外，还包括矿物颗粒之间的空间，称为空隙，如图2-1所示。在工程中，常用的集料密度包括表观密度、毛体积密度、表干密度及堆积密度等。

（1）表观密度、毛体积密度与表干密度

集料颗粒的表观密度是指在规定条件下，烘干石料矿质实体包括闭口孔隙在内的单位表观体积的质量。毛体积密度是指在规定条件下，烘干石料矿质实体包括孔隙（闭口、开口孔隙）体积在内的单位体积的质量。石料毛体积密度的测定方法可分为体积法、水中称量法和蜡封法。体积法适用于能制备成规则试件的各类岩石；水中称量法适用于除遇水崩解、溶解和干缩湿胀外的其他各类岩石；蜡封法适用于不能用量积法或直接在水中称量进行试验的岩石。

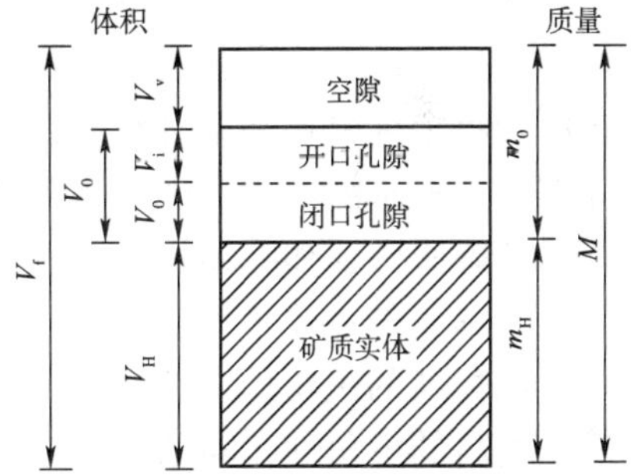

图2-1　集料质量组成与体积的关系

集料的表干密度又称作饱和面干毛体积密度，它的计算体积与计算毛体积密度时相同，但计算质量为集料颗粒的表干质量（饱和面干状态，包括吸入开口孔隙中的水）。测试集料表干质量时，需要将干燥集料试样饱水后，将试样表面自由水擦干，但保留吸入开口孔隙中的水，称取饱和面干试样在空气中的质量，即为集料的表干质量。

（2）堆积密度

集料是没有固定形状的混合物，其体积和形状取决于装填容器。堆积密度是指烘干集料颗粒矿质实体的单位装填体积（包括集料颗粒间空隙体积、集料矿质实体及其闭口、开口孔隙体积）的质量。

堆积密度的大小取决于颗粒排列的松紧程度。根据装样方法的不同，集料的堆积密度分为自然堆积密度、振实密度和捣实密度。自然堆积密度是指以自由落入方式装填集料，所测的密度又称松装密度；振实密度是将集料分3层（细集料分2层）装入容器筒中，在容器筒底部放置一根Φ25mm的圆钢筋（细集料钢筋直径Φ10mm），每装一层集料后，将容器筒左右交替颠击地面25次；捣实密度是将集料分3层装入容器中，每层用捣棒捣实25次。振实密度和捣实密度又称作紧装密度。

2. 空隙率

集料颗粒与颗粒之间没有被集料占据的自由空间，称为集料的空隙。空隙率是指集料在一定的堆积状态下的空隙体积（含开口孔隙）占堆积体积的百分率。

空隙率反映了集料的颗粒间相互填充的致密程度。在配制水泥混凝土、砂浆等材料时，集料的空隙率是作为控制混凝土中集料级配与计算混凝土砂率时的重要依据。试验结果表明，在松装和紧装状态下，粗集料的空隙率范围分别为43%～48%和37%～42%；细集料空隙率范围分别为35%～50%和30%～40%。

3. 粗集料骨架间隙率

粗集料骨架间隙率通常是指4.75mm以上粗集料在捣实状态下颗粒间的空隙体积占装填体积的百分含率。粗集料骨架间隙率的大小用于确定水泥混凝土或沥青混合料中细集料和结合料的数量，并评价集料的骨架结构。计算粗集料骨架间隙率时，在水泥混凝土中用粗集料的振实密度和表观密度；在沥青混合料中用粗集料的捣实密度和毛体积密度。

4. 细集料的棱角性

细集料的棱角性由在一定条件下测定的空隙率表示。天然砂、人工砂和石屑等细集料的棱角性，对沥青混合料的内摩擦角和抗变形能力及对水泥混凝土的和易性有显著的影响。当空隙率较大时，细集料的内摩阻角较大。

5. 集料的颗粒形状与表面特征

（1）颗粒形状

集料中颗粒形状可按表2-1分为4种类型，比较理想的形状是接近球体或立方体。当集料中扁平、细长状的颗粒含量较高时，会增加集料的空隙率，不仅不利于集料的施工和易性，而且不同程度地降低混凝土的强度。《公路工程集料试验规程》（JTG E42—2005）对水泥混凝土用粗集料采用规准仪法测定，当颗粒的最小厚度（或直径）与最大长度（或宽度）方向的尺寸之比小于规定值时即为针片状颗粒；对沥青混合料用粗集料采用游标卡尺法测定，当颗粒的最大长度（或宽度）方向与最小厚度（或直径）的尺寸之比大于3时即为针片状颗粒。

集料颗粒形状的基本类型 表2-1

类 型	颗粒形状的特点	集料品种
蛋圆形	具有较光滑的表面，无明显棱角，颗粒浑圆	天然砂及各种砾石、陶粒
棱角形	具有粗糙的表面及明显的棱边	碎石、石屑、破碎矿渣
针状	长度方向尺寸远大于其他方向尺寸而呈细条形	砾石、碎石中均存在
片状	厚度方向尺寸远小于其他方向而呈薄片形	砾石、碎石中均存在

碎石中针片状颗粒含量主要取决于被加工岩石特性、破碎机械设备及碎石的生产工艺。硬而脆的岩石在破碎时易产生针片状；以挤压破碎为主的破碎机（如鄂式破碎机）等生产的碎石中针片状含量较高，而利用冲击方式破碎所生产的碎石针片状含量较少。

（2）表面特征

集料的表面特征主要指集料表面的粗糙程度及孔隙特征等，它与集料的材质、岩石结构、矿物组成及受冲刷、受腐蚀程度有关。一般来说，集料的表面特征主要影响集料与结合料之间的黏结性能，从而影响到混合料的强度。表面粗糙的集料颗粒间的摩阻力较表面光滑、无棱角颗粒要大；表面粗糙、具有吸收水泥浆或沥青中轻质组分的孔隙特征的集料，与结合料间的黏结能力较强，而表面光滑的集料与结合料间的黏结能力较弱。此外，集料表面粗糙程度也会影响集料自身内摩擦力，对沥青混合料高温性能产生影响。

6. 含泥量和泥块含量

存在于集料中或包裹在集料颗粒表面的泥土会降低集料与沥青的界面黏结力，显著影响混合料的整体强度与耐久性，对其含量应加以限制。

（1）含泥量与石粉含量

含泥量是指集料中粒径小于0.075mm的颗粒含量，石粉含量是指人工砂中小于0.075mm的颗粒含量。

严格地讲，含泥量应是集料中的泥土含量，而采用筛洗法得到的粒径小于0.075mm的颗粒中实际上包含了矿粉、细砂与黏土成分，而筛洗法很难将这些成分加以区别。砂当量SE用于测定细集料中所含黏性土和杂质含量，判定集料的洁净程度，对集料中小于0.075mm的矿粉、细砂与泥土加以区别，砂当量值越大表明在小于0.075mm部分所含的矿粉和细砂比例越高。亚甲蓝MBV值用于判别人工砂中<0.075mm颗粒含量主要是泥土还是与被加工母岩化学成分相同的石粉。亚甲蓝MBV值较小时，表明粒径≤0.075mm颗粒主要是母岩化学成分相同的石粉。

（2）泥块含量

泥块含量是指粗集料中原尺寸大于4.75mm（细集料中大于1.18mm），但经水浸洗、手捏后小于2.36mm（细集料为小于0.6mm）的颗粒含量。集料中的泥块主要以3种类型存在：由纯泥土组成的团块，由砂、石屑与泥土组成的团块，包裹在集料颗粒表面的泥。

2.1.2 集料的力学性质

在混合料中，粗集料起骨架作用，应具备一定的强度、耐磨、抗磨耗和抗冲击性能等，这些性能分别用压碎值、磨光值、磨耗值和冲击值等指标表示。

1. 压碎值

集料压碎值用于衡量石料在逐渐增加的荷载下抵抗压碎的能力，是衡量石料力学性质的指标，以评定其在公路工程中的适用性。压碎值是对集料的标准试样在标准条件下进行加荷，测试集料被压碎后，标准筛筛下质量的百分率。该值越大，说明抗压碎能力越差。

《公路工程集料试验规程》（JTG E42—2005）中粗集料的压碎值是指9.5～13.2mm的试样，在10min内均匀加荷到400kN，稳压5s，卸荷后过2.36mm标准筛，通过2.36mm筛孔的全部细料质量占试压前质量的百分率。细集料压碎值按单粒级进行试验，细集料分为2.36～4.75mm、1.18～2.36mm、0.6～1.18mm、0.3～0.6mm等4档，分别测试者4档在逐渐增加的荷载下抵抗压碎的能力。取最大单粒级压碎值为细集料的压碎指标值。

《建筑用卵石、碎石》（GB/T 14685—2011）中粗集料的压碎值是指9.5～19mm的试样，在3～5min内均匀加荷到200kN，稳压5s，卸荷后过2.36mm标准筛，通过2.36mm筛孔的全部细料质量占试压前质量的百分率。

2. 磨光值

磨光值是反映石料抵抗轮胎磨光作用能力的指标。采用加速磨光机磨光石料，并用摆式摩擦系数测定仪测得磨光后集料的摩擦系数。用高磨光值的石料来铺筑道路路面表层，可以提高路表的抗滑能力，保障车辆的安全行驶。该值愈高，表示其抗滑性愈好。

3. 冲击值

冲击值反映石料抵抗冲击荷载的能力。由于道路表层集料直接承受车轮荷载的冲击作用，这一指标对道路表层用集料非常重要。粗集料冲击值试验用击碎后小于2.36mm部分的质量百分率表示。该值越大，说明抵抗冲击荷载能力越差。

4. 磨耗值

磨耗值反映石料抵抗表面磨损的能力，适用于对路面抗滑表层所用集料抵抗车轮撞击及磨耗能力的评定。该值越大，说明抗磨损能力越差。

2.1.3 集料的技术要求

1. 粗集料的技术要求

根据《建筑用卵石、碎石》（GB/T 14685—2011），将卵石和碎石等粗集料按技术要求分为Ⅰ、Ⅱ和Ⅲ类，见表2-2。

碎石和卵石技术要求 表2-2

技术指标	技术要求		
	Ⅰ级	Ⅱ级	Ⅲ级
碎石压碎指标（%），＜	10	20	30
卵石压碎指标（%），＜	12	16	16
针片状颗粒含量（%），＜	5	15	25
含泥量（%），＜	0.5	1.0	1.5
泥块含量（%），≤	0	0.5	0.7
有机物含量（比色法）	合格	合格	合格
硫化物及硫酸盐含量（按SO_3质量计）（%），＜	0.5	1.0	1.0
坚固性（%），＜	5	8	12
岩石抗压强度（MPa）	在饱水状态下，火成岩应不小于80；变质岩应不小于60；水成岩应不小于40		
密度与空隙率	表观密度＞2500kg/m^3；松散堆积密度＞1350kg/m^3；空隙率＜47%		
碱集料反应	经碱集料反应试验后，由卵石、碎石、碎卵石配制的试件无裂缝、酥裂、胶体外溢等现象，在规定试验龄期的膨胀率应小于0.10%		

《公路沥青路面施工技术规范》（JTG F40—2004）中沥青混合料用粗集料质量技术要求见表2-3。

沥青混合料用粗集料质量技术要求 表2-3

指标	高速公路及一级公路		其他等级公路
	表面层	其他层次	
石料压碎值（%），≤	26	28	30
洛杉矶磨耗损失（%），≤	28	30	35
表观相对密度，≥	2.60	2.50	2.45
吸水率（%），≤	2.0	3.0	3.0

续上表

指　　标	高速公路及一级公路		其他等级公路
	表面层	其他层次	
坚固性（%），≤	12	12	—
针片状颗粒含量（混合）（%），≤	15	18	20
其中粒径大于9.5mm（%），≤	12	15	—
其中粒径小于9.5mm（%），≤	18	20	—
水洗法<0.075mm颗粒含量（%），≤	1	1	1
软石含量（%），≤	3	5	5

注：①坚固性试验可根据需要进行；

②用于高速公路、一级公路时，多孔玄武岩的视密度可放宽至2.45g/cm^3，吸水率可放宽至3%，但必须得到建设单位的批准，且不得用于SMA路面；

③对S14即3～5mm规格的粗集料，针片状颗粒含量可不予要求，<0.075mm含量可放宽到3%。

2. 细集料的技术要求

根据《建筑用砂》（GB/T 14684—2011），按照表2-4的技术要求将砂分为Ⅰ、Ⅱ和Ⅲ类。

细集料的技术要求　　表2-4

项　　目				技术要求		
				Ⅰ级	Ⅱ级	Ⅲ级
人工砂	压碎指标（%），<			20	25	30
人工砂	亚甲蓝试验	MBV值<1.4或合格	石粉含量（%），<	3.0	5.0	7.0
			泥块含量（%），<	0	1.0	2.0
		MBV值≥1.4或不合格	石粉含量（%），<	1.0	3.0	5.0
			泥块含量（%），<	0	1.0	2.0
天然砂	含泥量（%），<			1.0	2.0	5.0
	泥块含量（%），<			0	1.0	2.0
有害杂质含量（%）	氯化物含量（按氯离子质量计），<			0.01	0.02	0.06
	云母含量，<			1.0	2.0	2.0
	有机物含量（比色法）			合格	合格	合格
	硫化物及硫酸盐（按SO_3质量计）（%），<			0.5	0.5	0.5
	轻物质含量，<			1.0	1.0	1.0
坚固性（%），<				8	8	10
密度与空隙率				表观密度>2500kg/m^3；松散堆积密度>1350kg/m^3；空隙率<47%		

《公路沥青路面施工技术规范》（JTG F40—2004）中沥青混合料用细集料质量技术要求见表2-5。

沥青混合料用细集料质量技术要求 表2-5

指 标	单 位	高速公路、一级公路	二级公路
表观相对密度，不小于	—	2.50	2.45
坚固性（>0.3mm部分），不小于	%	12	—
含泥量（小于0.075mm的含量），不大于	%	3	5
砂当量，不小于	%	60	50
亚甲蓝值，不大于	g/kg	25	—
棱角性（流动时间），不小于	s	30	—

3. *矿粉的技术要求*

矿粉是由石灰岩等碱性石料经磨细加工得到的，粒径小于0.075mm在沥青混合料起填料作用的以碳酸钙为主要成分的矿物质粉末。《公路沥青路面施工技术规范》（JTG F40—2004）要求矿粉干燥、洁净，在沥青混合料中用矿粉质量应符合表2-6的要求。

沥青混合料用矿粉质量要求 表2-6

项 目		单 位	高速公路、一级公路	其他等级公路
表观密度，不小于		t/cm^3	2.50	2.45
含水量，不大于		%	1.0	1.0
粒度范围	<0.6mm	%	100	100
	<0.15mm	%	90～100	90～100
	<0.075mm	%	75～100	70～100
外 观		—	无团粒结块	
亲水系数		—	<1.0	
塑性指数		%	<4.0	
加热安定性		—	观察颜色的变化	

2.2 不同岩石集料的性能

沥青路面对石料的质量要求比较严格。石料的质量包括两个方面：一是资源特性，即碎石的力学强度、耐久性、化学稳定性、表面特性及存在不良杂质等；二是石料的加工特性，主要包括颗粒尺寸与级配、颗粒形状、颗粒组成的一致性、洁净度及0.075mm颗粒含量等。现行技术规范对以上各指标均有规定。

不同岩性、不同料场的岩石集料，其物理力学性能有一定的差异，表2-7～表2-11是不同产地的集料性能测试结果。

花岗岩测试结果　　表2-7

测试项目	产地							
	湛江	汕头	惠州	茂名	四会	珠海	高要	重庆
饱水抗压强度（MPa）	60～122	70～120	99～112	98～118	58～130	82～139	78.5～136	85～130
冲击值（%）	17.7	19.6	11.2	16.3	16.9	11.3	14.6	14.2～14.8
水洗法粒径<0.075mm（%）	0.2～0.4	0.2～0.5	0.2～0.3	0.2～0.4	0.2～0.3	0.3～0.6	0.2～0.5	0.2～0.4
相对密度	2.67～2.85	2.62～2.7	2.68～2.73	2.77	2.72	2.74	2.68～2.75	2.66～2.74
洛杉矶磨耗率（%）	19.2～21.7	20.4～22.4	13.4～16.1	17.2	12.5～25.4	12.0	14.4～14.6	14.2～16.8
压碎值（%）	17.3～19.4	16.6～21.9	7.3～9.4	7.5～9.8	7.3～7.9	11.8～12.6	5.8～11.8	9.8～12.1
磨光值PSV	42～48	39～44	46～49	46～50	40～47	45～49	44～49	42～48
黏附等级	3～4	3～4	3～4	3～4	3～4	3～4	3～4	3～4
吸水率（%）	0.3～0.5	0.2～0.4	0.3～0.5	0.1～0.4	0.3～0.4	0.2～0.6	0.2～0.5	0.2～0.5
含泥量（%）	0.4～0.5	0.3～0.5	0.4～0.6	0.2～0.5	0.2～0.5	0.3～0.5	0.2～0.4	0.2～0.4
针片状含量（%）	1.9～7.8	2.2～6.7	1.5～5.8	2.4～6.8	1.7～7.9	1.2～1.4	1.9～3.2	1.3～2.7

玄武岩测试结果　　表2-8

测试项目	产地					
	佛山	江门	雷州	湛江	海南	江苏
饱水抗压强度（MPa）	76～90	46～120	102～118	105～120	110～120	112～128
冲击值（%）	10.1	7.6～18.8	8.2	8.0	8.5	8.1

续上表

测试项目	产地					
	佛山	江门	雷州	湛江	海南	江苏
水洗法粒径<0.075mm（%）	0.2	0.5	0.4	0.2	0.6	0.2
相对密度	2.775	2.669 ~ 2.886	2.772	2.946	2.676	2.755 ~ 2.816
洛杉矶磨耗率（%）	19.8	15.2 ~ 25.5	17.2	12.4	18.3	15.7 ~ 20.3
压碎值（%）	7.4	14.1 ~ 22.4	10.9	12.3	11.8	7.1 ~ 10.6
磨光值PSV	46	41 ~ 48	47	48	48	45 ~ 53
黏附等级	4 ~ 5	4 ~ 5	4 ~ 5	4 ~ 5	5	4 ~ 5
吸水率（%）	0.3	0.2	0.6	0.5	0.6	0.3
含泥量（%）	0.1	0.4 ~ 0.8	0.2	0.1	0.2	0.2
针片状含量（%）	3.1 ~ 4.3	3.5 ~ 4.7	2.8 ~ 4.0	7.8	3.8 ~ 4.6	3.4 ~ 4.5

闪长岩与辉绿岩测试结果 表2-9

测试项目	产地							
	闪长岩				辉绿岩			
	佛山	珠海	云浮	河源	惠州	深圳	肇庆	河源
饱水抗压强度（MPa）	184.6	193.0	216.0	173.5	178.8	205.2	185.8	175.9
水洗法粒径<0.075mm（%）	0.2	0.2	0.3	0.3	0.4	0.3	0.2	0.3
耐碱度（%）	99.8	99.9	99.7	99.8	99.9	99.8	99.9	99.9
相对密度	2.67	2.78	2.75	2.94	2.77	2.94	2.92	2.94
洛杉矶磨耗率（%）	9.0 ~ 14	15.4	10.5	12.6	17.7	13.2	15.9	12.1
压碎值（%）	8.8 ~ 10.8	15.7	6.5 ~ 11.4	8.5 ~ 11.7	9.6	7.5 ~ 11.8	14.3	8.1 ~ 11.0
磨光值PSV	45	45	46	46	46	47	45	46
黏附等级	5	5	5	5	5	5	5	5

续上表

测试项目	产地							
	闪长岩				辉绿岩			
	佛山	珠海	云浮	河源	惠州	深圳	肇庆	河源
吸水率（%）	0.3～1	0.5	0.4	0.4	0.75	0.5	0.6	0.3
含泥量（%）	0.3	0.5	0.4	0.5	0.2	0.3	0.4	0.2
针片状含量（%）	2.0～4.8	2.4～5.5	1.7～2.5	2.4～5.0	6.5	<3	2.8	2.1～3.5

凝灰岩与砂岩测试结果 表2-10

测试项目	产地					
	凝灰岩			砂岩		
	茂名	梅州	重庆武隆	重庆	肇庆	潮州
饱和抗压强度（MPa）	102.3	105.7	89～112	80～115	70～98	145.2
冲击值（%）	—	—	—	—	—	—
相对密度	2.568～2.641	2.72	2.65～2.73	2.67～2.73	2.73	2.73
洛杉矶磨耗率（%）	14.2	14.3～19.3	17.0～21.4	17.2～22.3	18.5～23.8	15.1
压碎值（%）	12.1～14.4	10.7～16.7	10.9～16.0	11.5～16.8	15.7～19.9	10.9
磨光值PSV	—	40	42	—	—	45
黏附等级	4	4	4	4	4	4
吸水率（%）	0.2～0.7	0.2	0.2～0.7	0.3	0.4	0.3
含泥量（%）	0.4	0.3	0.2	0.4	0.3	0.3
针片状含量（%）	1.7	2.1	1.6～2.3	4.0～8.3	7.2～11.3	6.2～8.2

石灰岩测试结果 表2-11

测试项目	产地					
	肇庆	韶关	南川	永川	石柱	万州
饱和抗压强度（MPa）	114.6	70.8	98～130	100～125	87～115	96～121
冲击值（%）	11.0	—	11.9	11.2	—	—
相对密度	2.73	2.75	2.70～2.75	2.69～2.75	2.68～2.74	2.68～2.74

续上表

测试项目	产　地					
	肇庆	韶关	南川	永川	石柱	万州
洛杉矶磨耗率（%）	19.0 ~ 25.4	19.7	19.0 ~ 25.4	19.0 ~ 25.4	19.0 ~ 25.4	19.0 ~ 25.4
压碎值（%）	7.9 ~ 16.6	16.8	18.9 ~ 23.6	18.9 ~ 23.6	18.9 ~ 23.6	18.9 ~ 23.6
磨光值PSV	46	—	44 ~ 51	42 ~ 48	42 ~ 46	42 ~ 45
黏附等级	5	5	5	5	5	5
吸水率（%）	0.4 ~ 0.7	0.3	0.2 ~ 0.5	0.3 ~ 0.6	0.3 ~ 0.5	0.3 ~ 0.7
含泥量（%）	0.2	0.4	0.2	0.3	0.2	0.2
针片状含量（%）	1.3 ~ 1.7	4.2 ~ 8.3	2.3 ~ 5.7	2.5 ~ 4.7	1.8 ~ 6.2	2.1 ~ 6.5

由表2-7 ~ 表2-11可知，同一类型不同产地的岩石单轴抗压强度、压碎值、磨耗率、密度变异性较大。在选用集料时，应在料场取样进行物理、力学性能检验，选取同一料源变异性小且满足要求的集料。

3 集料标准化加工工艺与技术

现阶段我国沥青路面的施工质量和耐久性落后于发达国家。沥青路面施工所用的搅拌、运输、摊铺和碾压设备是国际通用的，高速公路所用的沥青也普遍采用进口沥青，与先进国家的主要差距是在施工工艺，特别是集料加工技术、加工设备和质量控制方面。正如长安大学张登良教授所说："我国集料生产的水平与国外先进国家的水平起码有几十年的差距，也是我国公路建设中最落后的一个领域。"集料加工筛孔、破碎机反击板与板锤之间的间隙、集料规格质量控制指标、验收制度等影响集料的生产与性能，导致沥青混合料配合比设计迁就集料加工，使沥青路面离析较严重，病害多，维修费用高，使用寿命短。

消除集料加工技术落后局面需解决的问题有：探求不同集料加工设备的性能及组合使用效果；制定集料加工的规格质量监控指标和验收标准；确定沥青混合料级配控制的关键标准筛筛孔通过率；根据集料加工用筛孔与关键标准筛筛孔的关系来选择集料加工用标准化筛孔；明确混合料类型与集料规格和加工用筛孔的关系。

3.1 集料加工设备

沥青混合料配合比设计的优劣直接影响沥青路面工程的质量，配合比设计包含矿质混合料组成设计和最佳沥青用量的确定。控制路面用集料质量是保证实现配合比设计目标的关键，也是保证路面质量的关键。

3.1.1 集料加工设备及流程

常见集料加工设备及流程如图3-1所示，制砂设备及流程如图3-2所示。

从图3-1和图3-2可以看出，不论是石料生产线还是制砂过程，都需要将原料破碎后经过一系列过程，包括二次破碎、筛分等，最后得到成品石料或成品砂。而破碎过程关系到其成品质量的高低，因此，需要对破碎设备有一定的了解，才能够根据不同原材料、不同集料要求选择合适的破碎设备。

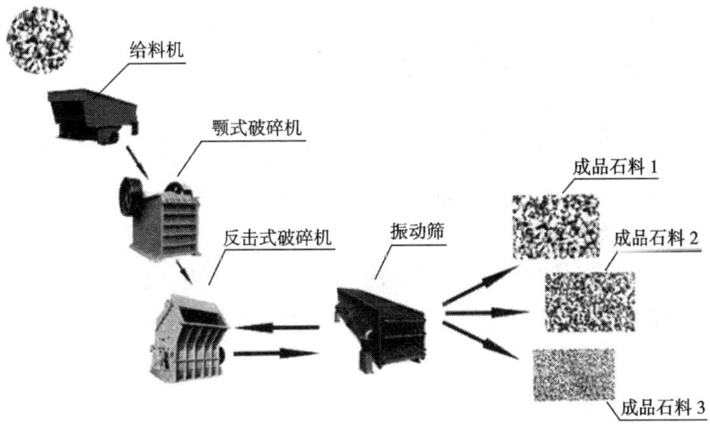

图3-1　常规集料生产线

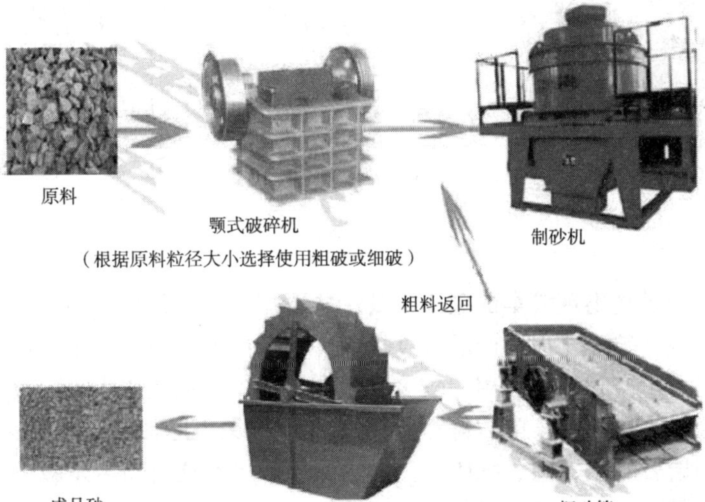

图3-2　制砂流程

3.1.2　常用集料加工设备

集料破碎设备主要有颚式破碎机、反击式破碎机、圆锥破碎机、锤式破碎机、复合破碎机、对辊破碎机、高效细碎机、移动破碎站、冲击式破碎机等。广东省高速公路沥青路面用集料加工主要设备有颚式破碎机、 圆锥破碎机、反击式破碎机及制砂机。

1. 颚式破碎机

颚式破碎机主要由机架、偏心轴、大皮带轮、飞轮、动颚、侧护板、肘板、肘板后座、调隙螺杆、复位弹簧、固定颚板与活动颚板等组成，其中肘板还起到保险作用。如图3-3、图3-4所示。

颚式破碎机破碎方式为曲动挤压型，电动机驱动皮带和皮带轮，通过偏心轴使动颚上下运动，当动颚上升时肘板和动颚间夹角变大，从而推动动颚板向定颚板接近，与此同时物料被挤压、搓、碾等多重破碎；当动颚下行时，肘板和动颚间夹角变小，动颚板在拉杆、弹簧的作用下离开定颚板，此时已破碎物料从破碎腔下口排出，随着电动机连续转动破碎机动颚作周期性的压碎和排料，实现批量生产。

图3-3 颚式破碎机实物图

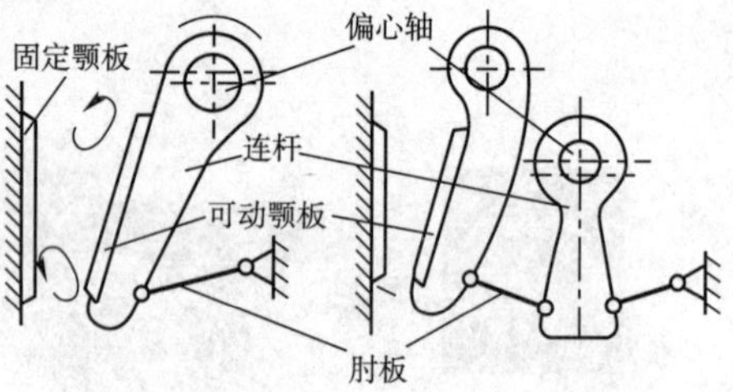

图3-4 颚式破碎机结构图

颚式破碎机是出现较早的破碎设备，主要用于对各种矿石与大块物料的中等粒度破碎。因其破碎比大，产品粒度均匀，构造简单、坚固、工作可靠、维护和检修容易以及生产和建设费用比较少，现在仍然广泛地在矿山、冶金、公路、铁路、水利、化工、建材、电力等行业使用，用于破碎抗压强度在100～250MPa的各种矿石和岩石的粗、中、细碎石。因颚式破碎机是通过挤压来减小石料尺寸，生产出的成品石料针片状含量较大，一般常用于加工粗碎石和中碎石。颚式破碎机规格与性能参数见表3-1。

2. 反击式破碎机

反击式破碎机能处理粒度不大于500mm，抗压强度不超过350MPa的各种物料。适用于矿山、冶金、水泥、建材、化工、水电等行业，特别适用于高速公路、水电站工程等使用的粗集料、机制砂，如玄武岩、河卵石、花岗岩、硬质石灰岩等硬物料的破碎。如图3-5、图3-6所示。

颚式破碎机规格与性能参数　　　　表3-1

型　号	进料口尺寸（mm）	最大进料粒度（mm）	产量（t/h）	配用电机功率（kW）	外形尺寸（mm）	重量（t）
PE-150×250	150×250	125	1~3	5.5	896×745×935	1
PE-250×400	400×250	200	5~20	15	1430×1310×1340	3
PE-400×600	600×400	350	15~50	30	1700×1732×1653	7
PE-600×900	900×600	480	45~110	55	2290×2206×2370	17
PE-900×1200	900×1200	750	90~220	110	3800×3166×3045	50
PE-500×750	500×750	425	15~65	55	2035×1921×2000	12
PE-750×1060	1060×750	630	105~195	90	2655×2302×3110	29
PEX-250×750	750×250	210	15~30	30	1667×1545×1020	5
PEX-250×1000	1000×250	210	15~50	30	1550×1964×1380	7
PEX-250×1200	1200×250	210	20~60	37	2192×1900×1950	8.5

图3-5　反击式破碎机实物图

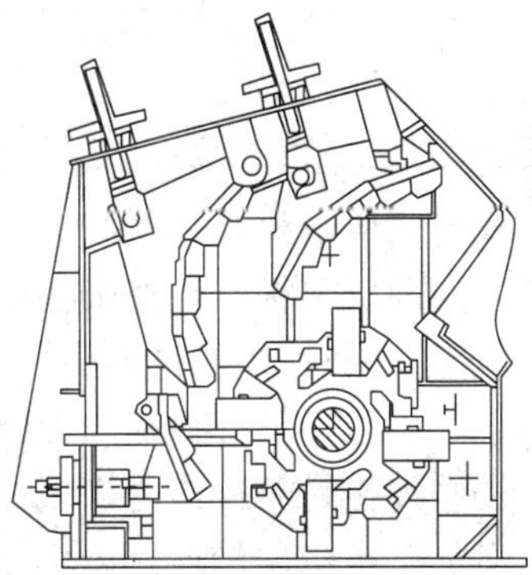

图3-6　反击式破碎机结构图

反击式破碎机工作原理：石料由机器上部直接落入高速旋转的转盘；在高速离心力的作用下，与另一部分以伞型方式分流在转盘四周的飞石产生高速碰撞与高密度的粉碎，石料在互相打击后，又会在转盘和机壳之间形成涡流运动而造成多次的互相打击、摩擦、粉碎，从下部直通排出。形成闭路多次循环，由筛分设备控制达到所要求的粒度。

选择反击式破碎机，需考虑以下几点：①转子的背板能承受转子极高的转动惯量和锤头的冲击破碎力；②经优化设计的低转速、多破碎腔冲击型破碎机，其线速度较一般反击破碎机降低 20%~25%，可以低能耗获得高的生产能力；③具有三级破碎以及整形的、功能的破碎机，破碎比大，产品形状呈立方体，有可选择性破碎等优点；④合理的板锤结构，具有装卸快、多换位等优点，可大缩短换板锤的时间；⑤高耐磨性、高韧性的铬、钼、钒合金材质的破碎机，可解决硬物料的破碎性难题，并大大提高板锤的使用寿命；⑥独特的反击齿板、无键联接；⑦PF1315 硬岩反击破配有多功能液压站，具有液压高速排料间隙，反击板稳定减振以及机体自动开启等多功能。反击式破碎机规格与性能参数见表3-2。

反击式破碎机规格与性能参数 表3-2

型 号	规 格	进料口尺寸（mm）	最大进料边长（mm）	生产能力（t/h）	功率（kW）	重量（不包括电机）
PF-0608	Φ644 × 740	320 × 770	100	10~20	30	4000
PF-0807	Φ850 × 700	400 × 730	300	15~30	30~45	8130
PF-H-1007I	Φ1000 × 700	400 × 730	300	30~50	37~55	9500
PF-A-1010I	Φ1000 × 1050	400 × 1080	350	50~80	55~75	12127
PF-B-1210I	Φ1250 × 1050	400 × 1080	350	70~120	110~132	14000
PF-B-1214I	Φ1250 × 1400	400 × 1430	350	130~180	132~160	18579
PF-1013	Φ1000 × 1300	650 × 1350	400	80~120	90~110	12000
PF-1315	Φ1320 × 1500	860 × 1520	500	160~250	180~260	19000
PF-1320	Φ1320 × 2000	860 × 2030	500	300~350	300~375	24000

反击式碎石机是利用高速旋转的转子板锤冲击石料，使破碎的石料以很大的动能冲向前反击板，经撞击而破碎。当其反弹至板锤回转半径以内时，再次受到冲击破碎，同时被粉碎的石料又以高速冲向反击板得到进一步破碎。当粉碎后的石料小于反击板下部衬板与板锤回转半径之间的间隙率，即被作为产品排出。可见反击破碎机是靠冲击力来减小石料尺寸，可得到较好的粒料形状。该设备在公路石料加工中应用较广，但由于破碎硬度较高的石料时，其锤头反击衬板磨损较快，使用成本较高。

3. 圆锥破碎机

圆锥破碎机广泛应用在冶金、建材、筑路、化学与硅酸盐工业中，适用于破碎中等和中等以上硬度的各种矿石和岩石，具有结构可靠、运转平稳、生产率高、破碎比大、产品粒度均匀、运作成本低、调整方便、使用经济等特点。由于零件选材与结构设计合理，故使用寿命长，而破碎产品的粒度均匀，减少了循环负荷，在中、大规格破碎机中，采用了液压清腔系统，减少了停机时间，且每种规格的破碎机腔型多，用户可根据不同的需要，选择不同的腔型，以更好地适应用户需要。本机密封采用润滑脂密封，避免了给水及排水系统易堵塞的弊病及水油易混合的缺陷，弹簧保险系统是过载保护装置，可合异物、铁块通过破碎腔而不危害破碎机。本机分为标准型和短头型，一般而言，标准型给料粒度大，排料粒度也较粗，短头型的破碎锥较陡，给料粒度小，有利于生产细粒级的物料；标准型一般用于粗、中碎，短头型用于中、细碎。如图3-7、图3-8所示。

圆锥破碎机工作原理：工作时，电动机的旋转通过皮带轮或联动轴器、圆锥破碎机传动轴和圆锥破碎机圆锥部在偏心套的迫动下绕一周固定点作旋摆运动。从而使破碎圆锥的破碎壁时而靠近又时而离开固装在调整套上的扎臼壁表面，使矿石在破碎腔内不断受到冲击，挤压和弯曲作用而实现矿石的破碎。

图3-7 圆锥式破碎机实物图

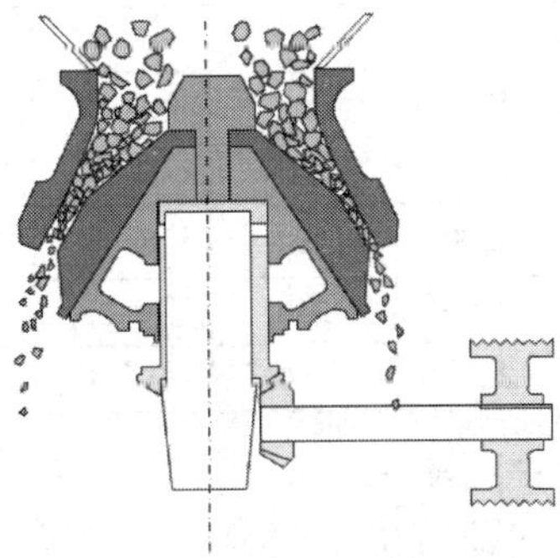
图3-8 圆锥式破碎机结构图

圆锥破碎机特点：在不可破异物通过破碎腔或因某种原因机器超载时，圆锥破碎机弹簧保险系统实现保险，圆锥破碎机排矿口增大。异物从圆锥破碎机破碎腔排出，如异物卡在排矿口使用清腔系统，使排矿口继续增大，使异物排出圆锥破碎机破碎腔。圆锥破碎机在弹簧的作用下，排矿口自动复位，圆锥破碎机机器恢复正常工作。圆锥破碎机系列破碎机分为粗碎圆锥破碎机、中碎圆锥破碎机和细碎圆锥破碎机三种，可根据用户不同需求选购。圆锥破碎机规格与性能参数，见表3-3。

圆锥破碎机规格与性能参数 表3-3

型 号	破碎头底部直径（mm）	最大进料料度（mm）	出料调整范围（mm）	破碎产量（t/h）	电机功率（kW）	偏心轴转速（r/min）	重量（t）	外形尺寸（mm）
PYB600	600	75	12~25	40	30	356	5	2234 × 1370 × 1675
PYD600	600	40	2~13	12~23	30	356	5.5	2234 × 1370 × 1675
PYB900	900	115	15~50	50~90	55	333	11.2	2692 × 1640 × 2350
PYZ900	900	60	5~20	20~65	55	333	11.2	2692 × 1640 × 2350

续上表

型号	破碎头底部直径（mm）	最大进料料度（mm）	出料调整范围（mm）	破碎产量（t/h）	电机功率（kW）	偏心轴转速（r/min）	重量（t）	外形尺寸（mm）
PYD900	900	50	3~13	15~50	55	333	11.3	2692×1640×2350
PYB1200	1200	145	20~50	110~168	110	300	24.7	2790×1878×2844
PYZ1200	1200	100	8~25	42~135	110	300	25	2790×1878×2844
PYD1200	1200	50	3~15	18~105	110	300	25.3	2790×1878×2844
PYB1750	1750	215	25~50	280~480	160	245	25.3	3910×2894×3809
PYZ1750	1750	185	10~30	115~320	160	245	25.3	3910×2894×3809
PYD1750	1750	85	5~13	575~230	160	245	50.2	3910×2894×3809
PYB2200	2200	300	30~60	590~1000	280	220	80	4622×3302×4470
PYZ2200	2200	230	10~30	200~580	280	220	80	4622×3302×4470
PYD2200	2200	100	5~15	120~340	280	220	81.4	4622×3302×4470

4. 冲击式碎石机

冲击式碎石机（制砂机）适用于软或中硬和极硬物料的破碎、整形，广泛应用于各种矿石、水泥、耐火材料、铝凡土熟料、金刚砂、玻璃原料、机制建筑砂、石料以及各种冶金矿渣的加工，对碳化硅、金刚砂、烧结铝矾土、美砂等高硬、特硬及耐磨蚀性物料比其他类型的碎石机产量功效更高。冲击式碎石机规格与性能参数，见表3-4。

冲击式碎石机规格与性能参数

表3-4

冲击式破碎机规格型号	最大入料（mm）	功率（kW）	叶轮转速（r/min）	处理量（t/h）	外型尺寸（mm）	重量（包括电机）（kg）
PCL-600	35	22~55	2000/3000	12~30	2500×Φ1600×2260	5600
PCL-750	45	45~90	1500/2500	25~55	2780×Φ1800×2700	7300
PCL-900	50	90~180	1200/2000	55~100	3900×Φ2160×2770	12100
PCL-1050	60	150~264	1000/1700	100~160	4660×Φ2450×3660	16900
PCL-1250	60	264~440	850/1450	160~300	5600×Φ2950×4000	22000
PCL-1350	60	320~440	800-1193	200~360	5340×Φ2940×3650	26000

在集料加工过程中采用整形设备，有可能使0.075mm粉料的含量常超过15%，建议有条件地限制使用整形设备。

无论采用何种设备生产集料，采石场在生产过程中彻底清除覆盖层及泥土夹层。生产碎石用的原石不含有土块、杂物，集料成品不堆放在泥土地上。各集料生产厂家根据岩石特性和技术指标要求选择合理的设备加工规格集料。

3.2 集料加工工艺

3.2.1 工艺流程

石料的加工，就是选择合适的原材料，经过破碎、筛分最终形成所需要的产品。加工产品的质量主要有两个大方面：一是材料自身性质所决定的质量；二是加工工艺影响材料规格、形状、含泥量等指标的变化。材料自身性质的质量在石场的选址过程中，通过探明储量、取样分析石料性质等手段控制。加工过程影响质量主要有三个方面：一为加工工艺流程；二为振动筛配筛；三为加工过程加工机械调试。

理想的集料是有近似立方体形状、有优良级配曲线的洁净碎石，为了满足上述要求，碎石加工工艺流程一般为：喂料机→鄂式破碎机→圆锥机→反击破碎机→振筛机→产品。

1. 集料加工工艺流程

在集料加工中，喂料机装入的为宕口开炸出的片石，其中可能含有泥土，因此，在鄂式破碎机和圆锥破碎机之间宜加入筛孔为10mm的振动筛，将绝大多数的杂质筛除，以保证进入圆锥机碎石的洁净。另外，在鄂式破碎机和圆锥破碎机、圆锥破碎机和反击破碎机之间增装储料仓，目的有两个：一是当流程后段发生机械故障时，前段仍可继续生产，有提高产量作用；二是保证供应给碎石机的石料均衡稳定，从而保证成品料颗粒形状、颗粒级配稳定。在圆锥破碎机和储料仓间安装振筛机，将从圆锥破碎机出来的碎石挑选30 ~ 50mm碎石进入反击破碎机，碎石粒径过大会降低反击破的生产效率；过小会使未经反击破碎进入31.5mm档以下的颗粒过多，造成集料针片状的加大。为了获得洁净的石料，需在反击破碎机前安装除尘设备，在振筛机皮带出口安装除尘设备。集料加工工艺流程如图3-9和图3-10所示。

2. 碎石设备的调整

生产的集料规格除了和振动筛的配筛有密切关系外，和反击破碎机的机械结构也有很大的关系，为了生产出级配优良的集料和保持级配的稳定性，对反击破碎机生产前调试和生产过程中的调整相当重要。反击破碎机上有两块反击板，形成两个破碎腔，调节套筒螺母，可改变反击板和板锤之间间隙，从而改变集料粒径，通常第一反击板间隙较大，作为粗碎部分，第二反击板间隙小一些，作为中细碎部分。正常生产前调整两块板间间隙，使生产出石料符合预定的级配曲线。在生产过程中，利用停机间隙，加以校核，使板间间隙始终和初始间隙保持一致。通过以上措施的处理后，在沥青混凝土生产过程中能保持生产过程中材料通过关键筛孔的通过率相对稳定。

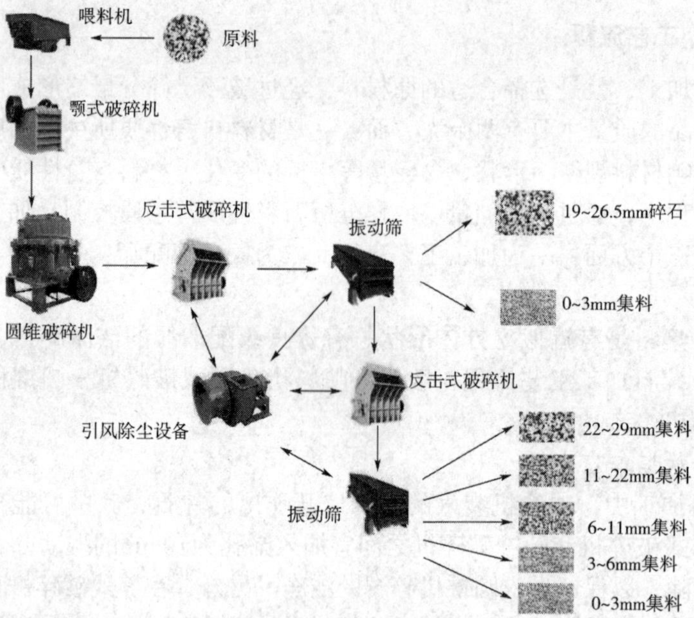

图3-9　碎石生产工艺流程

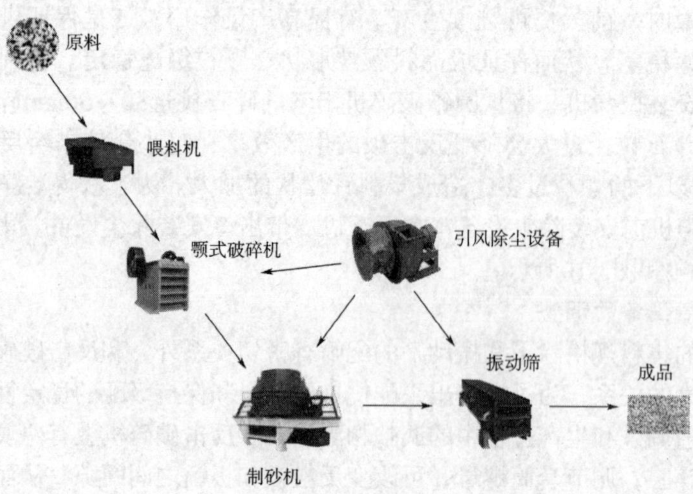

图3-10　制砂工艺流程

3.2.2 集料分级

根据国家现行《公路沥青路面施工技术规范》（JTG F40—2004）规定，粗集料应该洁净、干燥、表面粗糙，级配应符合表3 5的规定。当单一规格集料的指标达不到表3-5要求，而按照集料配比计算的指标符合要求时，工程上允许使用。集料加工或工程施工中出现某些规格的级配难以控制时，可采取在两相邻规格之间增设新的规格方式处理，以使最终混合集料级配满足要求。例如现行规范中S7、S8、S9、S10四档料在工程应用中级配难以控制，增加了S7C、S8C、S9F三种集料规格。

沥青混合料用粗集料规格 表3-5

规格代号	规格名称（mm）	下列筛孔的质量通过率（%）										适用于
		37.5	31.5	26.5	19	16	13.2	9.5	4.75	2.36	0.6	
S5	20~40	90~100			0~15			0~5				ATB-40
S6	15~30	100	90~100				0~15		0~5			ATB-30
S7C	20~30	100	90~100		0~15				0~5			
S7	10~30	100	90~100					0~15	0~5			
S8C	20~25		100	90~100	0~15				0~5			AC-25 ATB-25
S8	10~25		100	90~100				0~15	0~5			
S9	10~20			100	90~100			0~15	0~5			ATB-25 AC-25 AC-20
S9F	10~18				100	90~100		0~15	0~5			AC-16
S10	10~15					100	90~100	0~15	0~5			AC-13
S11	5~15					100	90~100	40~70	0~15	0~5		
S12	5~10						100	90~100	0~15	0~5		各层通用
S14	3~5							100	90~100	0~15	0~3	

根据国家现行《公路沥青路面施工技术规范》（JTG F40—2004）规定，细集料应洁净、干燥、无风化、无杂质，并有适当的颗粒级配，应符合表3-6的规定。细集料的洁净程度，天然砂以小于0.075mm含量的百分数表示，石屑和机制砂以砂当量（适用于0～4.75mm）或亚甲蓝值（适用于0～2.36mm或0～0.15mm）表示。见表3-7。

沥青混合料用天然砂规格

表3-6

筛孔尺寸（mm）	通过各孔筛的质量百分率（%）		
	粗砂	中砂	细砂
9.5	100	100	100
4.75	90 ~ 100	90 ~ 100	90 ~ 100
2.36	65 ~ 95	75 ~ 90	85 ~ 100
1.18	35 ~ 65	50 ~ 90	75 ~ 100
0.6	15 ~ 30	30 ~ 60	60 ~ 84
0.3	5 ~ 20	8 ~ 30	15 ~ 45
0.15	0 ~ 10	0 ~ 10	0 ~ 10
0.075	0 ~ 5	0 ~ 5	0 ~ 5

沥青混合料用机制砂或石屑规格

表3-7

规格	公称粒径（mm）	水洗法通过各筛孔的质量百分率（%）							
		9.5	4.75	2.36	1.18	0.6	0.3	0.15	0.075
S15	0 ~ 5	100	90 ~ 100	60 ~ 90	40 ~ 75	20 ~ 55	7 ~ 40	2 ~ 20	0 ~ 10
S16	0 ~ 3		100	80 ~ 100	50 ~ 80	25 ~ 60	8 ~ 45	0 ~ 25	0 ~ 15

如广东省沥青路面工程常用集料规格有S7C、S8C、S9、S9F、S10、S12、S14和S16。

在实际工程中，需注意混合料类型与集料规格的关系，根据混合料类型来加工和选用集料的规格，是混合料设计和路面施工质量监控的重点。

3.3 集料加工关键技术

从集料加工过程可知，影响集料粒径和级配的因素有：筛网的筛孔尺寸，筛网的倾角，筛网的长度、振幅和频率，以及反击破碎机上反击板与板锤之间的间隙。筛孔尺寸的选定是关键因素，一旦筛网装上去，只有粗破碎腔上反击板与板锤和中细破碎腔上反击板与板锤之间的两个间隙可以调整，其他参数改变较少。集料加工的关键技术是准确地选定筛孔组合和准确调试、监控反击板与板锤之间的间隙。

各种规格集料在其公称最大粒径对应筛孔的通过率，由选定的筛孔尺寸来控制。而S11在9.5mm和S15在2.36mm筛孔的通过率只能通过调试反击板与板锤之间的间隙来调整。

3.3.1 集料加工筛孔网配置

集料加工场根据设计的路面结构类型选择碎石生产线的筛孔，在石场对碎石规格初步分级，增大加工碎石的适用性，可优化沥青混合料级配。沥青混合料级配质量由标准筛控制，集料加工与拌和楼使用的是振动筛，集料加工的振动筛筛板倾角通常为24°，在集料加工流水线和拌和楼上装上标准筛网眼的筛板，不能准确、直接地控制预定目标级配线上关键筛孔的通过率。集料标准化加工的目的，是用几个适当规格的集料，配出以标准筛各筛孔通过率控制的目标级配混合料。集料公称最大粒径对应筛孔的通过率在级配控制中起着关键作用，可用一种规格集料来控制其公称最大粒径对应的标准筛筛孔的通过率。间歇式拌和楼通常使用4～5种规格集料，每一种混合料只能直接控制4～5个标准筛筛孔的通过率，振动筛筛孔的选择相当关键。

当石场储量足够大时，通常将中、下面层所用集料一起加工，以提高生产效率；抗滑磨耗层所用集料单独加工。

集料生产线上的筛网是振动筛，振动筛有倾角，控制选定标准筛筛孔的通过率应使集料加工所用筛的筛孔比对应标准筛筛孔大。一种混合料应控制的标准筛筛孔，即关键筛孔，包括其公称最大粒径对应的筛孔，以及比公称最大粒径小的筛孔，从2.36mm开始按2倍递增的各筛孔。据此可确定中、下面层集料加工时控制的一组标准筛筛孔，抗滑磨耗层集料加工时控制的另一组标准筛筛孔。

与标准筛关键筛孔对应的集料加工生产线上所用筛孔的对应关系见表3-8。

集料控制标准筛筛孔与加工用筛孔的关系 表3-8

中、下面层应控制的标准筛筛孔（mm）	2.36	4.75	9.5	19	26.5（或31.5）
集料加工用的筛孔（mm）	*a*	*b*	*c*	*f*	*g*（或*h*）
抗滑磨耗层应控制的标准筛筛孔（mm）	2.36	4.75	9.5	13.2（或16）	—
集料加工用的筛孔（mm）	*a*	*b*	*c*	*d*（或*e*）	—

注：字母$a \sim h$，代表8个按从小到大顺序排列的数字，是集料加工用方孔筛筛孔（即标准化筛孔）尺寸D，根据规格集料的公称最大粒径d，可用经验公式$D=0.6+1.1d$计算出来。集料加工用筛孔还与振动筛边长、倾角、筛的振幅等有关。集料加工用筛孔根据加工厂试生产的集料情况调整后确定。

3.3.2 集料规格与集料加工用筛孔的关系

沥青面层AC-25和AC-20预定的目标级配线上有12个筛孔，而加工的集料通常只有4～5档，故只能选4～5个筛孔来控制。

广东省近年多条高速公路AC-25和AC-20集料加工选用的筛孔尺寸见表3-9。

高速公路集料加工用筛孔尺寸　　表3-9

工程名称	加工用筛孔尺寸（mm）				
北京—珠海南段1	4.75	11	20	30	
北京—珠海北段2	5	13.2	26.5	31.5	
开平—阳江	5	10	22	26.5	
揭阳—普宁	4.75	9.5	16	26.5	
惠州—河源	4.75	10	19	29	
广州—惠州	6	12	19	31.5	
广州—清远	3	6	11	16	24
广州—珠海西	4.75	13.2	22	30	
江门—中山	5	10	22	28.5	
广州—梧州	5	10	23.5	30	
阳江—茂名	5.5	11	22	29	
茂名—湛江	3.3	5.5	11	21.5	28
河源—龙川	4.75	11	22	30	
重庆—湛江、广东西部沿海高速公路珠海段、广州北三环一期	3	6	11	22	30

从表3-9可知，有的集料加工采用了标准筛，将振动筛和标准筛混淆，这是不合理的。有些集料加工场在筛孔组的选用上存在随意性和盲目性。

由于拌和楼上配置筛板的网眼尺寸是根据振动筛筛孔尺寸D与标准筛筛孔尺寸d之间的关系确定的，可采用如下经验公式计算：$D=0.6+1.1d$。即中、下面层用集料采用3mm、6mm、11mm、22mm、30mm，上面层AC-16C采用3mm、6mm、11mm、18mm，AC-13C采用3mm、6mm、11mm、15mm。集料加工流水线上筛板的网眼尺寸和拌和楼上筛板网眼尺寸相同时，加工出来的集料就能很好地配出以标准筛通过率表示的预定目标级配混合料。

在标准筛系列筛孔（1.18mm及其以下的不计）2.36mm、4.75mm、9.5mm、13.2mm、16mm、19mm、26.5mm、31.5mm、37.5mm中，2.36mm、4.75mm、9.5mm、19mm、37.5mm这5个筛孔从小到大符合按2倍逐渐递增的规律，是选定要控制的筛孔。19mm是中面层的公称最大粒径，13.2mm和16mm是上面层2种混合料的公称最大粒径；26.5mm和31.5mm是下面层2种混合料的公称最大粒径，均是关键筛孔。根据面层混合料类型选择控制的关键筛孔。由此可见，在中、下面层用集料结合起来加工时，应控制的标准筛筛孔有2.36mm、4.75mm、

9.5mm、19mm和26.5mm（或31.5mm）。集料加工时，用22mm和30mm、11mm和22mm、6mm和11mm、3mm和6mm、0和3mm组成的套筛进行筛分，集料在26.5mm、19mm、9.5mm、4.75mm、2.36mm筛孔的通过量分别为90%～95%、90%～95%、90%～95%、75%～80%、90%～95%。中、下面层集料加工所用振动筛筛孔为3mm、6mm、11mm、22mm和30mm（或35mm），用这组筛加工集料时，当下面层所需的22mm和30mm（或22mm和35mm）料备足后，卸下30mm（或35mm）筛板，继续加工其他档料。

经验证明采用22mm筛孔加工集料，在配置中面层混合料时，就不必加入22mm和30mm规格的集料，对保证中面层的均匀性有重要意义。某公路工程用21.5mm加工集料，结果在中面层混合料中要加入4%的21.5mm和28mm规格的集料，另一公路工程用24mm筛孔加工集料，由于16～24mm规格的集料太粗，在19mm处通过率仅为66.3%，结果配出S形的AC-20级配线，在19mm处通过量仅为92.6%（常常控制为97.5%）。

在石场储量充足的情况下，可将中、下面层用料结合起来加工，选用一组筛，而将上面层用料另行加工，选用另一组筛。在中、下面层集料加工所用的筛孔组中，有1个筛孔十分重要，通过合理选择，可使下面层混合料所需的最粗一档料备足以后，卸掉已用筛组中孔眼最大的1个筛板，继续加工中面层用料。这样就可以使碎石集料加工场的生产有序、合理，也确保了生产的集料质量。

各种集料规格与加工用筛孔的关系见表3-10。

集料规格与集料加工用筛孔的关系 表3-10

集料规格	S7	S8	S9	S9F	S10	S11	S12	S14	S15	S16
公称最大粒径（mm）	31.5	26.5	19	16	13.2	13.2	9.5	4.75	4.75	2.36
公称粒径范围（mm）	10/30	10/25	10/20	10/18	10/15	5/15	5/10	3/5	0/5	0/3
加工用筛孔（mm）	*f*/*h*	*f*/*g*	*c*/*f*	*c*/*e*	*c*/*d*	*c*/*d*	*b*/*c*	*a*/*b*	0/*b*	0/*a*

表3-10表明用一对标准化筛孔，例如*c*/*f*，通过调试和监控破碎机反击板与板锤之间的间隙，即可生产出一种级配符合S9要求的规格集料，而用表示公称粒径范围的一对筛孔（例如10/20）却达不到目的。

当路面结构包含4个沥青层，如AC-20、AC-25和AC-30（或ATB-30）时，最先加工的5种规格集料应为S7、S9、S12、S14和S16，待S7加工数量足够以后，将S7改为S8继续生产。

用于抗滑磨耗层的主要有两种混合料，SMA-13的均匀性优于SMA-16，原因是用S10（或S11）、S12、S14和S16四种规格集料直接控制着连续相邻的

13.2mm、9.5mm、4.75mm和2.36mm四个关键筛孔的通过率，使SMA-13混合料的级配得到有效控制；而SMA-16混合料用S9F、S12、S14和S16这四种规格集料，直接控制16mm、9.5mm、4.75mm和2.36mm这四个筛孔，其中13.2mm筛孔仅靠间接控制，级配控制效果减弱了。因此，可通过集料加工方案的调整来改善SMA-16混合料的均匀性，即先加工S9F、S12、S14、S16四种规格，当S9F数量够了以后，将S9F改为S10继续生产，这样SMA-16混合料就可以用5种规格集料，使13.2mm筛孔的通过率也得到直接控制。

通过对集料加工场筛孔与集料关键筛孔相关性分析，集料加工场和沥青混合料拌和楼的推荐套筛设置见表3-11。

沥青混合料用集料推荐筛孔设置 表3-11

名 称	用 途	筛孔尺寸（mm）				
AC-25	集料生产	3	6	11	22	30
ATB-25	拌和楼	4	7	11	22	35
AC-20	集料生产	3	6	11	22	
	拌和楼	4	7	11	30	
AC-16	集料生产	3	6	11	22	
SMA-16	拌和楼	4	7	11	25	
AC-13	集料生产	3	6	11	15	
SMA-13	拌和楼	4	7	11	22	
ATB-30	集料生产	3	6	11	23	35
	拌和楼	4	7	11	23	40

从表3-11可知推荐配筛的优点有：①6mm的振动筛对应于4.75mm标准筛，它是集料级配的关键筛孔之一；②3mm的振动筛对应于2.36mm的标准筛，这是控制细集料级配的关键筛孔之一；③使沥青拌和楼2号仓的料在2.36mm、1.18mm、0.6mm、0.3mm筛孔的通过量不致太少，从而能与1号仓的料及矿粉（和水泥）一起参与调整细集料的级配，保证该范围级配曲线的连续性和光滑性，有利于保证混合料的密水性和表面纹理的均匀性；④使下面2层或3层筛固定，缩短换筛的时间。

对拌和楼而言，上述筛孔组在中、下面层交替施工时使用，施工中面层时，不输入22mm、30mm规格的集料。当下面层施工完毕，单独施工中面层时，可将35mm筛板卸下，并将22mm筛板换成30mm筛板。上述筛孔组配置，要求拌和楼有5个热料仓和5个冷料仓，若用砂时，则要6个冷料仓。

当冷料仓只有5个时，若要用砂，只好将集料加工用的3mm和6mm2个筛换为5mm筛，拌和楼上配置的35mm筛孔比30mm大，是为了让它加快出料，也考虑上述换算关系可能有些误差。例如广州—清远路下面层施工中，起初拌和楼配置3mm、6mm、11mm、16mm、31mm筛孔组，结果5号仓（16～31mm）供料不足，要等料，但有“超粒径”颗粒，实际不是真正超粒径，而是31mm筛孔太小了。以D=31mm代入式中计算，得d=27.5mm，可见排出的是27.5～31.5mm的颗粒，这些颗粒不应废弃，而应利用。后将31mm筛孔改为35mm，避免了不必要的损失。合理配筛对上面层的意义比对中、下面层更为重要，因为配筛对密水性、抗滑性及表面纹理的均匀性影响极大，且最小的2个筛孔的选定至关重要。

3.3.3　设备调试

对于反击式破碎机，一般在筛板孔眼确定后，主要通过调整2个反击板间隙来控制集料的粒度。加工中、下面层集料时，通常第一反击板间隙为35mm，第二反击板间隙为25mm；加工中面层集料时，第一反击板间隙为30mm，第二反击板间隙为20mm。

振动筛是沥青混凝土搅拌设备保证混合料级配的重要装置，一般分为4种或5种筛网规格，为了确保将集料按不同规格要求充分筛分，筛网应有足够的面积，而且每层的筛子容量应与烘干筒的该规格集料量相适应。但是由于结构和技术的原因，振动筛很难满足所有类型混合料的要求，而且其筛分效率不可能达到百分之百，当送到筛网上的材料过量时，振动筛的效率会下降，甚至堵塞筛网，许多理应透过筛孔的颗粒透不过去，而落入相邻的料斗产生窜仓，窜仓率过大会引起混合料中的细集料增加，使沥青混合料的级配和沥青含量发生变化，严重影响沥青混合料的性能。

在实际生产中，集料颗粒在筛面上的运动，不是以单个颗粒的形式进行的，而是由很多颗粒组成的粒群，在筛面上运动和透筛，实现筛分分级。

集料粒群在筛面上的运动，可以认为经过静止、松散、分层和透筛的一个连续过程。静止状态是很短暂的，只是粒群冲击筛面后处于瞬间的停止状态，以获取和积蓄能量，准备下一个抛射运动。随着筛面的振动，粒群始终处于不断地抛掷运动中，粒群被抛起后，颗粒之间相互脱开，为不同粒度的颗粒相互更换位置创造了条件。细颗粒能穿过料层间的间隙，移至料层的下部而有机会透筛，完成集料的松散和分级。振筛过程是粒群获得能量，并在颗粒间相互传递的过程。

为了保证振动筛进行高效筛分，在额定工况下都设置有合理的频率（如17～25Hz）和振幅（如4～8mm）。

下面以某工地用两个破碎腔的反击式破碎机加工AC-25和AC-20混合料所需集料的调试情况为例介绍集料加工设备调试效果，在生产流水线上安装了除尘设备，5次调试的结果见表3-12。

反击式破碎机生产集料的调试资料 表3-12

调试顺序	集料规格	下列筛孔（mm）通过率（%）											
		26.5	19	16	13.2	9.5	4.75	2.36	1.18	0.6	0.3	0.15	0.075
	S8	95.3	5.7	1.1	0.7	0.3	0.5	0.4					
	S9		95	72	38.6	5.9	0.9	0.6	0.5				
1	S12					88.9	2.1	1.2	0.7				
	S14						72.3	1.8	0.9	0.3			
	S16							91.3	63.4	41.2	26.6	16.2	7.1
	S8	94.3	3.7	0.9	0.5	0.3	0.2	0.1					
	S9		90	71	36.8	6.0	0.9	0.7	0.4				
2	S12					91.3	1.3	0.6	0.2				
	S14						78.3	1.8	1.0	0.3			
	S16							91.6	66.2	40.8	28.1	17.1	5.6
	S8	96.3	5.9	1.3	0.9	0.8	0.6	0.5					
	S9		92.5	71.5	38.7	6.0	0.9	0.7	0.4				
3	S12					93.2	2.3	1.4	0.9				
	S14						77.4	2.1	1.4	0.7			
	S15							90.4	67.9	42	28.8	17.8	7.5
	S8	98.6	21.3	0.8	0.2	0.1	0.1	0.1	0.1	0.1	0.1	0.1	0.1
	S9		94.3	60.5	28.8	2.8	0.1	0.1	0.1	0.1	0.1	0.1	0.1
4	S12					94.5	5.2	0.1	0.1	0.1	0.1	0.1	0.1
	S14						98.2	0.5	0.5	0.5	0.5	0.5	0.5
	S16							92.8	69.3	54.3	40.2	24.8	9.2
	S8	98.0	13.4	1.0	0.4	0.3	0.3	0.3	0.3	0.3	0.3	0.3	0.3
	S9		95.3	66.9	39.5	5.7	0.5	0.4	0.4	0.4	0.4	0.4	0.4
5	S12					93.4	5.2	0.6	0.5	0.5	0.5	0.5	0.5
	S14						98.3	1.6	1.0	1.0	0.9	0.9	0.9
	S16							92.8	69.3	54.3	40.2	24.8	9.2

从表3-12可知，第一次生产的S8、S9和S16三种规格达到监控指标的要求，

但S12和S14不合格，粒径偏粗，表明破碎机的中、细破碎腔的反击板与板锤之间的间隙偏大，应调小。调整后第二次的结果表明S12合格，但S14仍然不合格，偏粗，说明破碎机调整并未到位。第三次调整后S14偏粗，再调试第四次，5种规格集料全合格，第5次是生产中的抽样，表明生产基本稳定。说明通过调试破碎机破碎腔的反击板与板锤之间的间隙可以改变集料的粒径与级配，是行之有效的方法。

3.3.4 集料加工注意事项

（1）沥青路面用集料加工应使用合理机型、性能良好的机械，不用残旧的机械，优先选用具有两个破碎腔的破碎机。

（2）按计划产量、母岩种类、预期规格等配置合适的破碎机、振筛、除尘器等设备，按预期规格配置套筛。

（3）购买筛网时需认真检验筛孔的实际尺寸，不符合要求的不能购买。

（4）认真调试反击破碎机上破碎腔的反击板与板锤之间的间隙，使公称最大粒径对应筛孔的通过率接近监控指标目标值为止。

（5）加工中不随便改变已确定的标准化筛孔尺寸。

（6）定时抽检集料加工质量，并检验混合料级配的稳定性，必要时重新调整破碎机。

4　集料标准化加工质量控制体系

集料的资源特性（如密度、酸碱性等）和集料的加工特性（如石料的级配组成、针片状颗粒含量、棱角性等）对沥青路面性能影响较大。

4.1　集料特性对沥青混合料性能的影响

4.1.1　集料酸碱性与沥青混合料性能的关系

我国幅员辽阔，地质构造复杂，不同地区岩石种类千差万别。沥青混凝土路面用集料优选碱性石料，其次为中性石料，最不利的为酸性石料。酸性集料铺筑的沥青混凝土路面，因集料与沥青的黏附性较差，路面成型后在水分子浸蚀下，反复受荷易使沥青与矿料脱离、松散掉粒。

沥青与矿料黏附性的本质是两种材料界面的亲和力，这种亲和力是指表面张力、分子引力（范德华力）、机械附着力及化学反应引力，尤其取决于两种物质的表面电荷及由此产生的引力。吸附在集料固体表面的沥青之所以能被水置换，是由于水的极性很强，水分子H_2O的氢离子端带正电性，氢氧离子端带负电性。沥青与集料的分子引力不如水与集料的分子引力大。对石英类矿料，硅（Si）的含量多，表面带有弱的负电荷，它与水分子的氢离子能以氢键的方式结合。而它与沥青的吸附主要依靠相对较弱的范德华力，它比水分子与硅的很强的极性吸附力小得多。集料表面或多或少都具有亲水憎油的性能，酸性石料比碱性石料更甚。如果石料遇水，水将能够穿透沥青膜达到集料表面将集料与沥青分开。

沥青与矿料的相互作用，除物理吸附作用外，还有化学化学吸附作用，且化学吸附的作用力要强于物理吸附的若干倍。沥青是一种低极性有机物质，水分子是极性分子，且有氢键，其对矿料的吸附力要大大高于沥青。酸性石料表面具有较多不饱和键，易与水以氢键等形式结合在一起，故具有亲水性；而沥青中非极性有机物无法与这些游离键相结合，石油沥青与酸性集料黏附时，基本上为物理吸附。碱性石料表面几乎没有不饱和键，不易与水分子氢键结合，表现为憎水性，同时沥青成分中的沥青酸及沥青酸酐能与碱性矿料中的高价金属盐产生化学反应，生成不易溶于水的有机酸盐，故沥青与碱性石料除具有物理吸附作用外，还具有较强的化学吸附作用。这就是沥青与碱性石料结合不易剥离，而与酸性石料结合后容易剥离的主要原因。

1. *石料的基本物理性质*

砂岩石料按照化学成分分为以硅、铝为主的酸性和中性石料，以钙、镁为主要成分的极性和超极性石料，俗称碱性石料。酸性石料亲水、憎油，与沥青黏结性不好，碱性石料与沥青黏结性较好。矿料的酸碱性通常是按照矿料中SiO_2含量来划分的，SiO_2含量大于65%的集料为酸性集料，SiO_2含量小于52%的集料为碱性集料，SiO_2含量在52%～65%的为中性集料。酸性石料主要包括花岗岩、流纹岩、砂岩等，碱性石料包括辉绿岩、玄武岩、橄榄岩、石灰岩等。

部分酸性石料、碱性石料的基本物理性质试验结果见表4-1，试验石料规格为9.5～13.2mm，常用石料的酸碱性见选取典型酸性石料、碱性石料进行基本物理性质试验，试验用石料规格为9.5～13.2mm，其结果见表4-1。常用石料的酸碱性见表4-2。

沥青混合料用石料物理性质试验对比 表4-1

石料种类		表观相对密度	吸水率（%）	磨耗值（%）	压碎值（%）	磨光值	针片状颗粒（%）	软石含量（%）	颜色
花岗岩	1	2.745	0.21	16.0	8.2	43	9.8	1.3	浅灰夹红
	2	2.629	0.32	19.4	16.0	50	11.2	1.5	浅灰
	3	2.677	0.37	22.0	16.0	45	9.9	0.9	深青
	4	2.682	0.47	18.1	13.2	50	8.7	1.0	浅灰
砂岩	5	2.697	0.33	16.5	12.5	54	10.0	2	浅灰
	6	2.690	0.4	18.3	12.1	53	10.6	1.2	浅灰
辉绿岩	7	3.021	0.32	6.9	11.0	55	5.9	0.5	浅灰
	8	2.943	0.28	7.3	11.2	52	6.3	1.2	灰白
石灰岩	9	2.671	0.65	25.2	23.2	—	10.1	3.4	灰白
	10	2.663	0.9	28.4	20.5	—	12.8	2.7	灰白
技术要求		≤2.60	≤2.0	≤28	≤26	≥42	≤15	≤3	—

岩石的酸碱性　　表4-2

岩石类别	岩石名称	SiO_2含量（%）	酸碱性质
火成岩	花岗岩	68.3	酸性
	正长岩	64.7	中性
	流纹岩	74.3	酸性
	安山岩	61.4	中性
	玄武岩	51.7	碱性
	辉绿岩	48.9	碱性
沉积岩	砂岩	76.1	酸性
	石灰岩	3.8	碱性
	白云岩	0.1	碱性
	页岩	53.3	中性
变质岩	石英岩	74.2	酸性
	片麻岩	70.2	酸性
	片岩	59.3	中性
	板岩	61.6	中性

从表4-1和表4-2可知，辉绿岩质地坚硬、耐磨、碱性，是良好的抗滑耐磨材料。花岗岩、砂岩密度大，空隙率较小，吸水率低，耐磨性好，酸性，与沥青黏附性较差，需进行抗剥落处理。石灰岩较脆，磨耗值较高，碱性，与沥青黏附性好，不宜作沥青路面抗滑磨耗层材料。

沥青混合料是由集料与沥青拌和而成，沥青作为胶结料裹覆在集料表面。检测集料与沥青的黏附效果，尤其是集料表面被沥青膜裹覆后，抵抗水浸蚀的抗剥落能力很重要。表4-3为埃索沥青与花岗岩、砂岩碎石黏附性能试验结果。

粗集料与沥青黏附性试验结果　　表4-3

沥青种类	石料种类		黏附等级（水煮法）	
			未掺抗剥落剂	掺加0.3%抗剥落剂
埃索SBS改性沥青	花岗岩	1	2	5
		2	3	5
		3	2	5
	砂岩	4	2	5
		5	3	5
		6	2	5
规范要求			5	5

表4-3结果表明，酸性石料与沥青黏附等级是2～3级。当埃索沥青中掺加0.3%沥青抗剥落剂后，酸性石料与沥青黏附等级提高到5级，全部达到规范要求。

2. 石料的工程性质

在实际工程中，为提高沥青混合料抵抗水损坏的能力，常采用改性沥青、抗剥落剂、水泥等增加其水稳定性。研究试验采用针入度值小的埃索沥青，掺加0.3%沥青抗剥落剂，并掺入1%水泥作为填料的一部分，对酸性石料AC-13C沥青混合料的马歇尔试验、浸水马歇尔试验、冻融劈裂试验等进行了研究。试验结果见表4-4。

AC-13C沥青混合料性能试验结果 表4-4

试验项目	混合料水稳定性措施		
	基质沥青	基质沥青+0.3%抗剥落剂	基质沥青+0.3%抗剥落剂+1%水泥
稳定度（kN）	8.03	8.45	9.21
残留稳定度（%）	76.3%	89.4%	94.6%
冻融劈裂强度比（%）	68.5%	84.7%	92.8%

试验研究结果表明采取适宜的抗剥落措施后，酸性石料沥青混合料完全满足规范抗水损害能力要求，可作高等级沥青路面表面层或磨耗层材料。如用石灰岩细料替代酸性石料细料，既可保证路面具有较好的抗滑耐磨性能，又可提高其抗水损坏的能力。

4.1.2 集料密度与沥青混合料体积指标和路用性能的关系

沥青混合料的空隙率、矿料间隙率和沥青饱和度三者之间在压实沥青混合料体积分析中存在着制约关系，当任何2个参数确定之后，第3个参数随之确定。沥青路面竣工后的现场空隙率控制在3%～6%范围（对密级配混合料），才能保证路面耐久性。空隙率若低于3%，沥青在夏天会因受热体积膨胀而导致路面变形，产生车辙；若大于6%，会大大降低路面的疲劳寿命；若大于8%，路面易透水，从而产生水损害；空气也会进入其中，加速沥青老化。可见，空隙率是沥青混凝土性能的主要影响因素，将竣工后路面的现场空隙率控制在上述范围，是混合料设计和施工的重要任务。因此，必须了解沥青混合料空隙率的影响因素及其变化规律。

沥青混合料级配变异、温度变异、压实变异问题已经倍受国内外学者关注，并已引起广大道路专业技术人员足够的重视。但是，集料密度变异对混合料性能影响的相关研究较少。《公路沥青路面施工技术规范》（JTG F40—2004）对高速公路沥青面层用集料密度的要求为：表面层粗集料表观相对密度≮2.60，细集料表观相对密度≮2.50；其他层次粗、细集料表观相对密度≮2.50。但对同批次集料密度的变异性（或波动范围）未作要求。广东某石料加工厂（或者同一宕口）石灰岩集料表观相对密度在2.60～2.80范围内波动。

下面通过AC-20C的相关试验结果来介绍相同级配和油石比下，集料密度变化对沥青混合料体积指标及其路用性能的影响。

1. 不同密度的粗集料

研究试验选取高速公路用中面层AC-20C，从拌和场料堆中选取4种不同密度的石灰岩粗集料，表4-5给出了4种集料主要技术指标的测试结果。

粗集料技术指标试验结果

表4-5

检验指标	技术要求	石灰岩1	石灰岩2	石灰岩3	石灰岩4
石料压碎值（%）	≯28	20.4	15.6	13.2	13.5
洛杉矶磨耗损失（%）	≯30	18.0	13.8	12.5	13.4
表观相对密度	≮2.50	2.623	2.688	2.748	2.823
毛体积相对密度	—	2.588	2.653	2.713	2.784
吸水率（%）	≯3.0	0.52	0.49	0.47	0.50
与SBS改性沥青的粘附性（级）	≮4	5	4	4	5
针片状颗粒含量（%）	≯18	7.5	5.5	4.7	6.3
水洗法<0.075mm颗粒含量（%）	≯1	0.2	0.4	0.6	0.2
软石含量（%）	≯5	0	0.2	0.5	0.2

2. 混合料体积指标

同种沥青（SBS改性沥青），同级配（AC-20C），同油石比（4.4%），不同密度的4种石灰岩粗集料对应的混合料的体积指标试验结果见表4-6。

混合料体积指标试验结果

表4-6

粗集料类型	油石比（%）	集料相对表观密度	集料相对毛体积密度	集料吸水率（%）	混合料空隙率（%）	VMA（%）	VFA（%）	稳定度（kN）	流值（0.1mm）
石灰岩1	4.4	2.623	2.588	0.52	4.2	13.1	67.9	14.30	15.40
石灰岩2	4.4	2.688	2.653	0.49	3.9	13.1	70.2	12.28	18.70
石灰岩3	4.4	2.748	2.713	0.47	3.6	13.0	72.0	11.10	29.50
石灰岩4	4.4	2.823	2.784	0.50	3.2	12.9	75.2	9.53	35.10

表4-6结果表明：矿料级配、吸水率、油石比不变时，粗集料密度增加，混合料空隙率随之减小；密度值增加0.2g/cm^3，混合料空隙率值减小1%；矿料级配相同时，矿料间隙率VMA变化较小；混合料的稳定度随粗集料密度的增加而减小，流值随之增大，混合料的高温抗变形能力逐渐减弱。

沥青混合料所用的矿质集料密度通常在2.500～3.000的范围内变化，以重量比例关系描述的矿质混合料级配即使在相同配合比例的条件下其单位体积内组成比例具有完全不同的体积组成关系。华南理工大学道路工程研究所曾经使用高密度的辉长岩、中等密度的花岗岩和较低密度的凝灰岩按照相同的级配进行过马歇尔配合比试验。3种集料的密度测定结果见表4-7，马歇尔试验得到的体积关系见表4-8。

各粒径集料的密度比较　　表4-7

规格（mm）		16/19	13.2/16	9.5/13.2	4.75/9.5	2.36/4.75	1.18/2.36	0.6/1.18	0.3/0.6	0.15/0.3	0.075/0.15
凝灰岩	毛体积相对密度	2.65	2.651	2.650	2.659	2.665	2.625	2.626	2.628	2.632	2.601
	表观相对密度	2.601	2.593	2.583	2.579	2.537	2.498	2.497	2.492	2.492	2.457
	吸水率（%）	0.71	0.84	0.98	1.17	1.90	1.94	1.96	2.08	2.13	2.26
花岗岩	毛体积相对密度	2.680	2.737	2.745	2.741	2.702	2.703	2.707	2.698	2.701	2.721
	表观相对密度	2.652	2.706	2.714	2.692	2.673	2.615	2.589	2.565	2.553	2.577
	吸水率（%）	0.39	0.42	0.41	0.67	0.91	1.24	1.68	1.92	2.14	2.05
辉长岩	毛体积相对密度	3.094	3.076	3.070	3.057	3.016	3.012	3.013	3.015	3.017	3.034
	表观相对密度	3.070	3.049	3.036	2.999	2.935	2.931	2.934	2.933	2.930	2.948
	吸水率（%）	0.25	0.29	0.37	0.63	0.91	0.92	0.89	0.93	0.98	0.96

不同集料的马歇尔试验结果比较　　表4-8

沥青用量（%）	集料类型	VV（%）	VMA（%）	VFA（%）	MS（kN）	FL（0.1mm）	γ_{sb}
3.5	凝灰岩	9.12	14.8	38.2	10.1	32.5	2.263
	花岗岩	8.05	14.4	44.1	10.6	28.5	2.361
	辉长岩	7.75	15.1	48.8	10.7	36.8	2.614
4.0	凝灰岩	7.65	14.4	46.8	9.4	36.0	2.284
	花岗岩	6.45	14.0	53.7	12.8	33.1	2.385
	辉长岩	6.05	14.7	58.8	12.4	38.7	2.640
4.5	凝灰岩	5.89	13.7	57.1	9.0	36.5	2.312
	花岗岩	4.96	13.6	63.5	11.1	32.3	2.406
	辉长岩	4.02	14.0	71.3	11.4	38.4	2.675
5.0	凝灰岩	4.68	13.6	65.6	9.4	38.1	2.326
	花岗岩	3.33	13.1	74.7	11.8	36.1	2.431
	辉长岩	2.57	13.8	81.4	14.4	37.0	2.693
5.5	凝灰岩	3.64	13.6	73.3	8.9	37.5	2.337
	花岗岩	2.11	13.1	83.8	11.3	35.5	2.445
	辉长岩	1.38	13.8	90.0	11.4	39.5	2.704

3. 沥青混合料性能

对四种密度不同，级配和油石比相同的AC-20C沥青混合料进行高温稳定性、低温抗裂性和水稳定性试验，其结果见表4-9。

混合料性能试验结果　　表4-9

粗集料类型	油石比（%）	混合料空隙率（%）	测试指标				
			动稳定度（次/mm）	残留稳定度（%）	弯拉强度（MPa）	模量（MPa）	拉应变（u_{ε}）
石灰岩1	4.4	4.2	6386	90.2	7.76	2896	2678
石灰岩2	4.4	3.9	6149	91.1	7.27	2197	3308
石灰岩3	4.4	3.6	5745	90.8	7.84	2530	3098
石灰岩4	4.4	3.2	5094	91.3	8.08	2851	2835

由表4-9可见，在相同油石比、级配条件下，随着粗集料密度的增加，混合料的高温抗变形性能随之减弱；残留稳定度相差较小，均大于90%；混合料的弯曲强度、模量和弯拉应变相差较小。

在相同级配和油石比条件下，4种密度为2.623～2.823g/cm³的石灰岩粗集料，随集料密度增加，沥青混合料空隙率减小，矿料间隙率变化较小，高温抗变形能力随之减弱，水稳定性和低温抗裂性能影响较小。建议在混合料的生产过程中，同一批次的粗集料密度允许波动范围为±0.1g/cm³。

4.1.3　集料级配变异对沥青混合料路用性能的影响

级配变异性分析是沥青混合料变异分析研究的一个重要组成部分。级配对沥青路面性能的影响是不言而喻的，如影响路面强度、抗水损害性能、耐久性能、抗疲劳性能等。级配变异表现为混合料中矿料颗粒的组成与实际设计的合成级配存在较大的差异，为此规范规定了几个关键筛孔，如最大公称粒径：4.75mm、2.36mm、0.075mm的通过率允许偏差范围，严重的级配变异会造成混合料离析，影响混合料的体积性能，导致矿料结构发生变化，是沥青路面产生坑槽、渗水、泛油等早期病害的主要根源。

1. 变异性分析

施工参数变异性的分析，涉及大量的数据采集和分析，需借助计算机的辅助分析才可能实现，可使用EXCEL电子表格和SPSS统计分析软件进行相关的分析和统计计算。

（1）级配变异性统计

对级配的变异性分析主要利用燃烧法，通过在一定条件下混合料燃烧前后的质量差得出沥青含量以及对燃烧后的矿料进行筛分，获得混合料级配。某工程沥青路面上、中面层所使用的混合料级配类型分别为Superpave-12.5和AC-20C。表4-10与表4-11所列结果为沥青上、中面层的混合料抽提试验矿料级配情况。图4-1与图4-2给出的是燃烧后级配曲线变异情况。

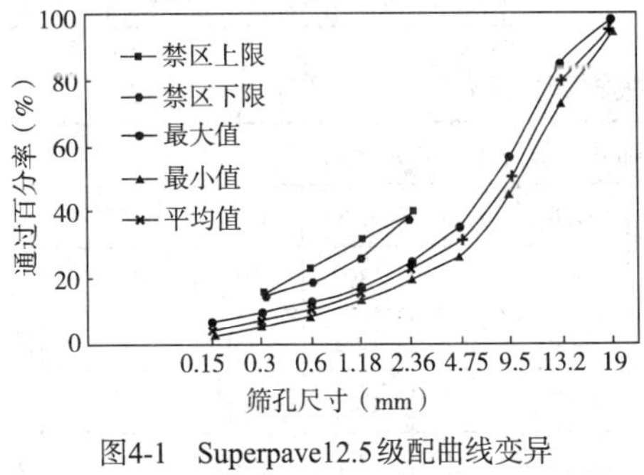

图4-1　Superpave12.5级配曲线变异

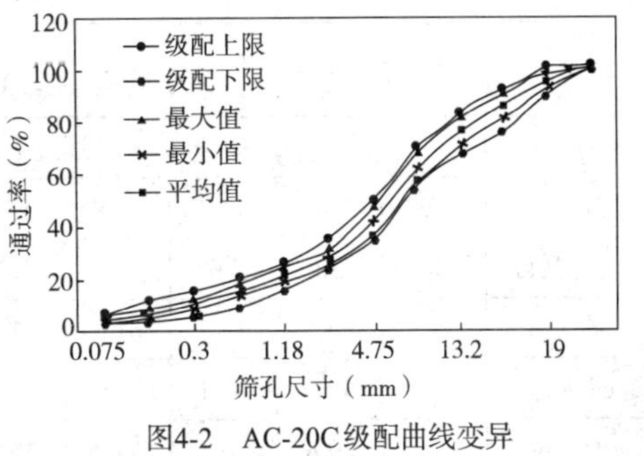

图4-2　AC-20C级配曲线变异

级配变异系数的计算方法是标准偏差与各级筛筛余量均值的比值。各级筛筛余量可以通过百分率换算得出。上一级通过百分率与本级通过百分率之差即该级

筛筛余量，计算式为

$$C_{vi}=\frac{\sigma_i}{\overline{P}_{i+1}-\overline{P}_i}\times 100\%$$

式中：σ_i——第i级通过百分率标准偏差；

P_{i+1}——第i+1级通过百分率（%）；

P_i——第i级通过百分率（%）；

C_{vi}——级配第i级通过百分率变异系数（%）。

从表4-10和表4-11数据可以看出，级配的变异性是普遍存在的。对于混合料级配来说，由于矿料品质的稳定性难以维持，导致级配的变异性较大，级配的变异最终会导致油石比等其他指标随之发生变异。从图4-1和图4-2中可以看出，由于级配变异性较大，AC-20C混合料燃烧筛分后的矿料部分粒径通过率超出级配范围。

上面层Superpave-12.5级配变异系数 表4-10

项　目	通过下列筛孔的百分率（%）								
	13.2	9.5	4.75	2.36	1.18	0.6	0.3	0.15	0.075
统计数目	30	30	30	30	30	30	30	30	30
平均值	95.5	79.0	49.7	31.3	22.5	15.5	10.7	7.9	5.5
最大值	97.5	85.0	56.3	34.9	24.6	17.4	13.2	10.1	7.3
最小值	93.7	72.7	45.4	26.5	19.9	14.0	9.4	6.1	4.0
标准偏差	1.03	3.16	2.52	1.75	1.06	0.87	0.78	0.90	0.83
极差	3.8	12.3	10.9	8.4	4.7	3.4	3.8	4	3.3
变异系数	22.9	19.2	8.60	9.52	12.1	12.4	16.3	32.3	34.5
95%置信度	0.39	1.18	0.94	0.65	0.40	0.32	0.29	0.34	0.31

中面层AC-20C级配变异系数 表4-11

项　目	通过下列筛孔的百分率（%）										
	19	16	13.2	9.5	4.75	2.36	1.18	0.6	0.3	0.15	0.075
统计数目	30	30	30	30	30	30	30	30	30	30	30
平均值	95.8	86.5	75.5	61.0	41.2	26.6	20.7	15.1	10.4	7.0	4.7
最大值	98.1	90.9	82.4	67.6	47.6	30.3	24.7	18.1	12.4	8.7	6.0
最小值	92.1	80.6	70.3	55.9	35.2	23.3	18.6	13.1	8.4	5.4	3.7
标准偏差	1.62	2.61	3.31	3.45	3.50	1.91	1.65	1.41	1.06	0.79	0.69
极差	6.0	10.3	12.1	11.7	12.4	7.0	6.1	5.0	4.0	3.3	2.3

续上表

项 目	通过下列筛孔的百分率（%）										
	19	16	13.2	9.5	4.75	2.36	1.18	0.6	0.3	0.15	0.075
变异系数	38.6	28.1	30.1	23.8	17.7	13.1	10.4	25.2	22.6	23.3	30.0
95%置信度	0.68	1.10	1.40	1.46	1.48	0.81	0.70	0.59	0.45	0.33	0.29

（2）级配变异性分析

上、中面层级配变异系数的比较结果如图4-3所示。

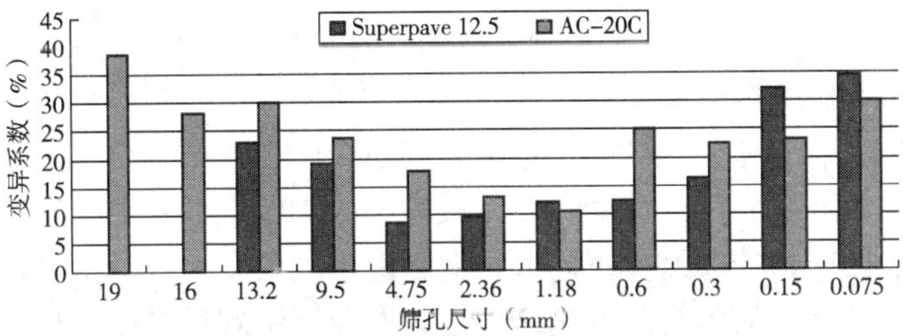

图4-3 上、中面层级配变异系数比较

从图4-3可以看出，沥青混凝土各级粒径通过百分率的变异是很大的。无论是中面层还是上面层，混合料燃烧后级配均会产生变异，且各级粒径通过百分率级配的变异系数分布具有一定规律，粒径大于9.5mm的粗集料通过率与粒径小于1.18mm的细集料的通过率的变异系数明显大于其他粒径通过率的变异系数，表明对于任何一种级配类型，粒径大于9.5mm的粗集料与粒径小于1.18mm的细集料在整个级配的变异性中起主导作用。使用在上面层中的细集料的变异性较大，而中面层中粗集料的变异性较大，原因主要是2个面层采用的集料种类不同所导致，上面层中玄武岩的细集料部分变异性大，而中面层中石灰岩的粗集料部分变异性问题突出。综上所述，必须严格控制集料的变异性，否则将影响到沥青混合料的其他技术指标，特别是空隙率、抗拉强度、疲劳寿命、抗车辙能力和耐久性等都将会发生显著变化。

（3）级配变异性产生的原因

抽提级配的变异性主要与矿料的粒径变异有关。尽管在拌和机进行拌和时，还会对加热的热料再一次进行筛分，但出厂的混合料依然很大程度上受冷料的粒径分布制约。如果冷料的粒径变化频繁，不仅影响混合料的级配，还会出现拌和机在拌和时等料频繁、溢料过多等现象。冷料的变异主要体现在以下两方面：一是矿料粒径总体偏粗或偏细，但其变异性不大，这主要是矿料加工原产地生产矿料时的变异；另一种是现场出现混料现象，某一档矿料的粒径变化过大，粗细分布严重不匀。

2. 影响与防治措施

以上述变异性分析数据为例，大颗粒矿料是混合料的骨架，对于Superpave-12.5级配来说，其混合料的特性要求粗集料可提供有效的骨架结构，以抵抗高温车辙的作用，如果集料的变异性过大，将导致集料自身性质（如棱角性等）出现变异，导致路面结构层功能减弱。细集料0.075mm筛的通过百分率变异也较大，矿粉在混合料中主要起到吸收游离沥青和减薄沥青膜厚度的作用；过多矿粉会因比表面积大吸收过多沥青，降低沥青对矿料的有效吸附而减小混合料强度；矿粉不足则会引起游离沥青过多，沥青流变特性恶化，稳定度降低，在夏季出现泛油现象。

防治措施：①对所使用的集料进行长期质量监控，严格控制料源，杜绝因集料的不正常加工而导致的部分粒径偏粗或偏细；②按集料的破碎规格存放，辅以必要的防水、防尘措施，避免不同规格集料混堆现象发生，防止集料含水率、含泥量过大；③严格控制混合料的生产温度，避免因温度过高而导致在运输过程中沥青泄漏使油石比产生变异。

沥青混合料级配的变异性是普遍存在的，级配的变异性对面层的结构、强度以及疲劳寿命有不利影响，其主要受到料源变异、拌和设备的影响。级配变异的控制是施工后场控制的主要内容，粒径大于9.5mm的粗集料与粒径小于1.18mm细集料在级配的变异性中起主导作用，不同集料种类导致变异性的粒径尺寸分布不同，级配变异的主要原因是料源的问题，控制各档料源的粒径分布变异，采取适当的措施管理矿料。

4.1.4 集料几何特性对沥青混合料性能的影响

集料几何特性对沥青混合料性能有较大的影响，主要针对集料的棱角性、针片状颗粒及洁净度等方面与沥青混合料性能的研究成果进行分析，为集料加工质量控制提供依据。

1. 棱角性

粗集料粒形主要根据针片状含量来判别，随针片状含量增加，沥青混合料性能变化幅度增大。细集料粒形主要指棱角性；机制砂、石屑和天然砂具备不同的棱角性。不同类型细集料、不同用量，对沥青混合料性能影响幅度不同。

在沥青混合料中，矿质集料的表面粗糙度和形状对沥青混合料的抗剪强度具有极为明显的影响。通常粗糙多棱角、近似正立方体、明显细微突出的矿质集料，在碾压后相互嵌挤而具有很大的内摩擦角，具有较高的抗剪强度。许多试验证明，在其他条件相同的情况下，矿质集料颗粒愈粗，所配制的沥青混合料愈具有较高的内摩擦角。

美国材料和试验协会（ASTM）中D3398方法对集料颗粒形状和纹理的测量和评定给出了详细的方法，测量集料颗粒形状和表面宏观纹理情况，其棱角性评定参数I_a是指粗集料松装状态的空隙率。

陈国明等人通过大量实验发现动稳定度DS值与粗集料平均棱角性I（$I=\sum_{i=1}^{n}P_i \times I_{ai}/100$，$P_i$是各个粒径的质量百分含量；$I_{ai}$是各粒径的棱角系数）呈显著的指数相关性，随粗集料平均棱角性I的增大，DS值迅速增长；-10℃小梁弯拉强度逐渐降低，抵抗拉伸破坏的能力愈强；劈裂强度比逐渐增大。选择应用棱角丰富的粗集料，可提高沥青混合料的水稳定性。

谭忆秋等人大量试验结果表明，粗集料表观纹理状态对沥青混合料高温性能影响较大。粗集料轮廓表面平均偏差越大，混合料的内摩擦角越大，相应的动稳定度越大，高温稳定性越好；扁平颗粒含量越高，其混合料的高温稳定性越差。

细集料棱角性（F_{FAA}）是指未压实细集料的松方空隙率，以小于2.36mm集料未压实空隙率表示。一般要求大于45%，小于47%。粗细集料的棱角性决定了混合料的内摩阻力，而细集料的棱角性对VMA的影响较粗集料更大，增加破碎的细集料特别是机制砂的比例会增加VMA。

2. 针片状含量

对于沥青混合料用集料，针片状含量是以大于4.75mm的粗集料中最大与最小尺寸之比大于3的集料百分率表示。针片状颗粒使混合料处于不稳定状态，难于压实，产生虚假的较高的VMA。同时，由于它过于细长或扁平，在施工期间和交通荷载作用下容易断裂，使沥青混合料级配细化，强度降低，从而导致路面出现早期破坏。

谢兆星等人通过实验发现当针片状颗粒含量超过15%时，沥青混合料的空隙率明显增大，水稳定性和抗疲劳性能明显降低；当针片状颗粒含量超过20%时，沥青混合料的高温稳定性明显降低；随着针片状颗粒含量的增大，集料破碎率也随之增大；针片状颗粒含量对4.75mm以上筛孔的集料破碎率影响较大。

张金柱等人发现，针片状颗粒在沥青混合料施工和使用过程中，会产生不同程度的破损，使级配细化、沥青混合料内部出现损伤，影响混合料的强度。不论是悬浮密实结构还是骨架密实结构，当针片状含量增加时，混合料的水稳定性、高温稳定性、抗疲劳性能都会降低，车辙深度和集料的破碎率也相应会有所增大。针片状含量会增加压实难度，需增大压实功，增大压实功又会造成针片状颗粒的破坏，形成恶性循环。

彭波等人对三种类型沥青混合料进行马歇尔试验，确定最佳油石比及混合料物理指标，当针片状含量从0%增至60%时，OAC会有明显的增大。研究结果表明对于细型密级配沥青混合料AC-13F，针片状含量小于20%对混合料体积指标影响较小，针片状含量大于20%，体积指标有较大的变化。对于粗型密级配沥青混合料AC-13C和骨架密实结构沥青混合料SMA-13，针片状含量0%到20%，混合料体积指标变化较缓，当针片状含量超过20%时，体积指标有较大的变化。

随着针片状含量增大，混合料的浸水残留稳定度和冻融劈裂试验强度比都减小。针片状使混合料空隙率增大，大的空隙率增加了水进入混合料的机会，也增加了水对混合料的影响；另外，随着针片状含量增加，集料的破碎率增大，在集料颗粒的破裂面上没有沥青裹覆，沥青与集料黏结的界面直接暴露在外，容易被水逐渐侵蚀而导致沥青膜剥落，使混合料水稳定性变差。

针片状集料在沥青混合料中抵抗外部荷载能力较低，外力作用下极易断裂、破坏，导致破碎率变大。而破碎率对于沥青混合料的疲劳性能、水稳定性和空隙率都有着较大的影响。针片状含量越大，集料越容易在施工碾压和使用过程中被压碎，导致级配退化，降低粗集料之间的相互嵌锁能力，从而降低混合料的路用性能。

集料的针片状含量对于沥青混合料的性能影响较大，在集料加工过程中应加以严格控制。

3. 集料洁净度

集料清洁度主要指集料中含泥量、软石含量。

小于0.075mm的粉尘含量对VMA影响很大。其含量少，则VMA增大，含量大则VMA减小，并严重影响集料表面积和沥青膜厚度。除了矿粉以外，细集料中的粉尘含量是重要的影响因素。由于集料在烘干筒中加热烘干过程中，部分粉尘被筒中气流带入袋式除尘器中，并排放。若筒中真空度大幅变化，气流不稳定，则混合料中小于0.075mm粉尘含量会造成大幅波动，使VMA发生变化。

郭学东等认为集料的性质和其表面的洁净程度是影响水稳定性的主要因素，通过实验发现残留稳定度（MS_0）和冻融劈裂强度比（TSR）均随含泥量的增多而下降。含泥量越高，泥土、灰尘等杂质就会在集料表面裹覆，使沥青膜与集料间难形成黏结力；且裹覆在集料表面的黏土颗粒特别容易吸水，为水的渗透提供了通道，且吸水后易膨胀，使沥青容易从集料上剥落。有研究表明高塑性指数的泥土在水和温度的作用下，使沥青剥落，过量泥土还使沥青变硬、变脆，容易导致路面过早疲劳破坏。

4.2 集料标准化加工质量控制指标

我国《公路沥青路面施工技术规范》（JTG F40—2004）关于集料的技术要求中，按其性质可分为两类：一类是反映材料来源的“资源特性”，或称为料源特性、天然特性，它是石料产地所决定的，如密度、压碎值、磨光值等；另一类是反映加工水平的“加工特性”，如石料的级配组成、针片状颗粒含量、破碎砾石的破碎面比例、棱角性、含泥量、砂当量、亚甲蓝值、细粉含量等。属于“资源特性”的指标往往受到产地和成本的制约，可选择和变更的余地不大。但是一些工程对石料的资源特性要求很严，不惜跨省到数千公里外远运送，但对加工特性，尤其对规格、含泥量、针片状颗粒含量不重视，对就地取材根本不考虑，这是很错误的。在规范规定的技术指标中，加工性指标具有双重作用。首先，它是针对采石场生产的每一个集料规格的产品，用以检验集料是否合格，达不到要求的就是不合格品。但对工程单位来说可理解是对工程所使用的集料混合料而言的。美国SUPERPAVE也规定集料标准不是针对个别集料而是针对集料混合料的。只要综合指标合格，也容许在工程上使用。因为对针片状颗粒含量、砂当量等指标，有的集料规格难以达到要求，有的则容易符合要求，工程上允许采用按实际比例配制的集料混合料评价这些指标是否合格。

4.2.1 粗集料质量控制指标

我国《公路沥青路面施工技术规范》（JTG F40—2004）规定，沥青层用粗集料包括碎石、破碎砾石、筛选砾石、钢渣、矿渣等，但高速公路和一级公路不得使用筛选砾石和矿渣。粗集料必须由具有生产许可证的采石场生产或施工单位自行加工。

粗集料应该洁净、干燥、表面粗糙，质量应符合表4-12的规定。当单一规格集料的质量指标达不到要求，而按照集料配比计算的质量指标符合要求时，工程上允许使用。集料在进入拌和机前，需经200℃左右的高温，有些常用的石料（如花岗岩、玄武岩、石灰岩等）有可能因此发生质量上的变化；对受热易变质的集料，宜采用经拌和机烘干后的集料进行检验。

上面层沥青混合料的粗集料宜选择二次反击破碎的玄武岩、花岗岩或辉绿岩等硬质石料。高温多雨地区适当提高粗集料的压碎值、含泥量标准。当采用花岗岩石料时，采用掺加水泥或消石灰、使用黏度较高的改性沥青、在沥青中掺加抗剥落剂和使用碱性细集料等措施可提高其水稳定性。

建议高温多雨地区沥青路面粗集料质量技术要求可适当提高，详见表4-12的建议值。

沥青混合料用粗集料质量技术要求 表4-12

指标	高速公路及一级公路				其他等级公路	
	表面层		其他层次			
	规范	建议值	规范	建议值	规范	建议值
石料压碎值（%），≤	26	20	28	22	30	26
200℃高温后压碎值（%），≤	—	22	—	24	—	28
洛杉矶磨耗损失（%），≤	28	25	30	27	35	33
表观相对密度，≥	2.60	2.6	2.50	2.5	2.45	2.45
吸水率（%），≤	2.0	2	3.0	3	3.0	2
坚固性（%），≤	12	12	12	12	—	—
针片状颗粒含量（混合）（%），≤	15	12	18	18	20	20
其中粒径大于9.5mm（%），≤	12	10	15	15	—	—
其中粒径小于9.5mm（%），≤	18	15	20	20	—	—
水洗法<0.075mm颗粒含量（%），≤	1	1	1	1	1	1
软石含量（%），≤	3	3	5	5	5	5

注：①坚固性试验可根据需要进行；

②用于高速公路、一级公路时，多孔玄武岩的视密度可放宽至2.45g/cm^3，吸水率可放宽至3%，但必须得到建设单位的批准，且不得用于SMA路面；

③对S14即3～5mm规格的粗集料，针片状颗粒含量可不予要求，<0.075mm含量可放宽到3%。

高速公路、一级公路沥青路面的表面层（或磨耗层）的粗集料的磨光值应符合表4-13的要求。除SMA、OGFC路面外，允许在硬质粗集料中掺加部分较小粒径的磨光值达不到要求的粗集料，其最大掺加比例由磨光值试验确定。

粗集料与沥青的黏附性、磨光值的技术要求 表4-13

雨量气候区	1（潮湿区）	2（湿润区）	3（半干区）	4（干旱区）
年降雨量（mm）	>1000	1000～500	500～250	<250
粗集料的磨光值PSV，不小于				
高速公路、一级公路表面层	42	40	38	36
粗集料与沥青的黏附性，不小于				
高速公路、一级公路表面层	5	4	4	3
高速公路、一级公路的其他层次及其他等级公路的各个层次	4	4	3	3

粗集料与沥青的黏附性应符合表4-13的要求，当使用不符要求的粗集料时，宜掺加消石灰、水泥或用饱和石灰水处理后使用，必要时可同时在沥青中掺加耐热、耐水、长期性能好的抗剥落剂，也可采用改性沥青的措施，使沥青混合料的水稳定性检验达到要求。掺加外加剂的剂量由沥青混合料的水稳定性检验确定。

集料和沥青的黏附性指标是我国特有的，在国外一般没有，只要求沥青混合料满足水稳定性指标即可。黏附性仅仅是初选集料品种的参考性指标，不能看得太重，而且它很可能提供一种假象。例如只要一掺加抗剥落剂就能使黏附性提高到5级，但并不能说明这种混合料使用中的水稳定性就好。我国有许多地区盛产花岗岩，它与沥青黏结性较差，但其他性质都较好。国外是大量使用花岗岩材料，通常采取掺加消石灰、水泥等措施，有时为了保险也同时掺加抗剥落剂，在抗剥落剂的前面都加上“耐热的、具有良好长期性能的”条件。关于使用消石灰的效果已经为国内外的大量研究证实。SHRP研究成果对长期以来使用了胺类抗剥落剂的沥青混合料的耐久性再次提出了异议，更重视采用消石灰和水泥作为主要的抗剥落剂。掺加胺类表面活性剂确实会使黏附性的室内试验结果十分满意，但这种材料的耐热性差和水溶性的缺点将随使用时间的延长，致使长期效果受到影响，甚至会使沥青乳化而随水流走。一些国家提出，即使使用石灰岩也需要掺加消石灰。需要注意的是，当掺加消石灰或水泥后，由于其比表面积要比石粉大得多，设计的最佳沥青用量通常需要增加0.2%～0.4%左右，为此需要重新进行配合比设计。

根据广东和国内其他地区的工程经验，适当增加或细分集料规格有利于矿料级配设计与性能。如广东在规范基础上增加S7C、S8C、S9F三种规格集料，加工出来的集料不易离析，生产过程中混合料的级配能较好控制，新增的S7C和S8C为配制AC-25、ATB-25提供较合适的集料，可大大减少离析，级配波动小。S9F适用于AC-16、SMA-16、OGFC-16混合料的配制，拌和楼溢料现象减少。

结合沥青路面集料加工关键技术研究成果，建议高温多雨地区沥青路面用粗集料及混合料级配范围见表4-14、表4-15。

高温多雨地区沥青路面混合料级配范围　　表4-14

粒径	31.5	26.5	19	16	13.2	9.5	4.75	2.36	1.18	0.6	0.3	0.15	0.075
AC-25	100	100~90	82~70	74~62	65~54	54~42	35~25	27~16	21~11	17~7	13~5	10~3	8~2
AC-20		100	100~90	88~77	79~64	59~47	35~25	27~16	21~11	17~7	13~5	10~3	8~2
AC-16			100	100~95	86~79	67~58	40~30	32~23	25~17	20~13	16~10	13~8	10~6
AC-13				100	100~95	74~66	40~30	32~23	25~17	20~13	16~10	13~8	10~6

高温多雨地区沥青混合料用粗集料规格 表4-15

规格代号	规格名称（mm）	下列筛孔的质量通过率（%）										适用于
		37.5	31.5	26.5	19	16	13.2	9.5	4.75	2.36	0.6	
S5	20~40	90~100			0~15			0~5				ATB-40
S6	15~30	100	90~100				0~15		0~5			
S7C	20~30	100	90~100		0~15				0~5			ATB-30
S7	10~30	100	90~100					0~15	0~5			
S8C	20~25		100	90~100	0~15				0~5			AC-25
S8	10~25		100	90~100				0~15	0~5			ATB-25
S9	10~20			100	90~100			0~15	0~5			ATB-25 AC-25 AC-20
S9F	10~18				100	90~100		0~15	0~5			AC-16
S10	10~15					100	90~100	0~15	0~5			AC-13
S11	5~15					100	90~100	40~70	0~15	0~5		
S12	5~10						100	90~100	0~15	0~5		各层通用
S14	3~5							100	90~100	0~15	0~3	

4.2.2 细集料质量控制指标

沥青混合料的细集料可采用机制砂或石屑，我国《公路沥青路面施工技术规范》规定细集料应洁净、干燥、无风化、无杂质，并有适当的颗粒级配，细集料的质量要求见表4-16。从表4-16中可知其规定甚少，其中最重要的是洁净。针对不同的细集料，采用了不同的指标，分别使用0.075mm通过率、砂当量、亚甲蓝试验。我国砂当量标准是参照欧洲和美国的方法制订的。试验发现，土和细石粉都会影响砂当量。欧洲CEN 13043对细集料的含泥量改为采用甲基兰试验。对于上面层沥青混合料推荐使用石灰岩细集料代替花岗岩细集料。

沥青混合料用细集料的技术要求 表4-16

指　标	单位	高速、一级公路	二级公路	试验方法
表观相对密度，不小于	—	2.50	2.45	T 0328
坚固性（>0.3mm部分），不小于	%	12	—	T 0340
含泥量（小于0.075mm的含量），不大于	%	3	5	T 0333
砂当量，不小于	%	60	50	T 0334
亚甲蓝值，不大于	g/kg	25	—	T 0349
棱角性（流动时间），不小于	s	30	—	T 0345

细集料的棱角性指标对沥青混合料的施工性能和使用性能起着至关重要的作用。美国SUPERPAVE的细集料的棱角性利用细集料的毛体积相对密度计算的间隙率表示，高速公路一般要求不小于45%。我国选用欧洲的流动指数作为棱角性评价指标。

结合沥青路面集料加工关键技术研究成果，建议高温多雨地区高速公路沥青路面用细集料级配范围见表4-17。

高温多雨地区沥青路面用细集料级配范围要求 表4-17

规格	公称粒径（mm）	水洗法通过各筛孔的质量百分率（%）							
		9.5	4.75	2.36	1.18	0.6	0.3	0.15	0.075
S15	0~5	100	90~100	60~90	40~75	20~55	7~40	2~20	0~10
S16	0~3	—	100	80~100	50~80	25~60	8~45	0~25	0~12

注：机制砂宜采用专用的制砂机制造，并选用优质石料生产，其级配应符合S16的要求。

沥青路面细集料S16规格集料在0.075mm的通过率限制为0~12%，而《公路沥青路面施工技术规范》（JTG F40—2004）中S16规格集料在0.075mm的通过率为0~15%，建议减小小于0.075mm含量，有利于减少细集料中的含泥量，增加集料与沥青的黏附性。

对于细集料加工控制的关键指标之一，就是要控制0.075mm的通过率，目前在实际生产过程中，达到这个指标有一定的困难。主要原因是：①集料生产过程中，石场还没有普遍采用引风式除尘设备，导致0.075mm的通过率达不到指标的要求；②从降低成本的出发，在加工过程中，不恰当地采用了整形设备来满足针片状指标的要求，整形机的工作原理：中心进料伴随环形瀑落进料，物料落入进料斗，再经环形孔落下，被散料锥分成两股。一股经分料盘进入高速旋转的叶轮，另一股从分料盘四周落下。进入叶轮的物料，在叶轮内被迅速加速后射出，首先同散料锥四周自由落体的另一部分物料冲击破碎，然后一起冲击到涡流腔内涡流衬层上，先被反弹到粉碎腔顶部，后偏转向下运动，叶轮流道发射出来的物料撞击形成连续的物料幕，与从最后经下部排料口排出。冲击式破碎机主要作制砂机用，用于整形机时，其0.075mm的通过量偏大。在生产中，小于0.075mm的通过量会大于15%，这样会导致合成级配中，粉料太大，级配的矿料间隙率很难满足要求；③在集料加工中，宜采用引风式除尘设备，由于水洗设备没有解决石场加工中的扬尘问题，极易对集料二次污染，同时，水洗对水的流量要求高，易造成对环境的污染；引风式除尘方式，解决了场地的扬尘问题，同时又可以解决细集料中0.075mm的通过量，是一种好的除尘方式。利用引风式除尘方式时，要求在碎石设备上安装引风管，同时也要在振动筛上安装引风管，在调试生产中及时检查0.075mm的通过量，直到满足指标要求为止。

为了提高对细集料控制精度，提高沥青混合料的质量。建议高等级公路沥青路面施工细集料采用S16。

4.3 集料标准化加工质量控制体系

4.3.1 集料标准化加工质量检查与管理

每种规格集料都有一个公称最大粒径，应以其对应的标准筛筛孔的通过率作为加工质量监控指标，其目标值为95%，通过大量研究和工程实践，建议验收标准为90%～99%，其中S16验收标准为80%～99%。

集料加工过程中，应注意各种规格集料在相应控制筛孔通过率的均值是否符合验收标准的要求，以及各种规格集料的级配变异情况。

集料生产加工过程中检查项目及频率见表4-18。

集料生产加工过程中检查的项目与频度　　表4-18

材 料	检 查 项 目	检 查 频 度	试验规程规定的平行试验次数或一次试验的试样数
粗集料	外观（石料品种、含泥量等）	随时	—
	针片状颗粒含量	1000t	2～3
	颗粒组成（筛分）	1000t	2
	压碎值	2000t	2
	磨光值	5000t	4
	洛杉矶磨耗值	5000t	2
细集料	颗粒组成（筛分）	500t	2
	砂当量	1000t	2
	含水率	100t	2
	松方单位质量	1000t	2

沥青混合料生产过程中，按表4-19规定的检查项目与频度，对各种进场集料进行抽样试验，其质量应符合《公路沥青路面技术规范》有关技术要求。每个检查项目的平行试验次数或一次试验的试样数必须按相关试验规程的规定执行，并以平均值评价是否合格。

混合料生产过程中集料质量检查的项目与频度　　表4-19

材　料	检 查 项 目	检查频度		试验规程规定的平行试验次数或一次试验的试样数
		高速公路、一级公路	其他等级公路	
粗集料	外观（石料品种、含泥量等）	随时	随时	—
	针片状颗粒含量	随时	随时	2～3
	颗粒组成（筛分）	随时	必要时	2
	压碎值	必要时	必要时	2
	磨光值	必要时	必要时	4
	洛杉矶磨耗值	必要时	必要时	2
	含水率	必要时	必要时	2
细集料	颗粒组成（筛分）	随时	必要时	2
	砂当量	必要时	必要时	2
	含水率	必要时	必要时	2
	松方单位质量	必要时	必要时	2

注：①表列内容是在材料进场时已按“批”进行了全面检查的基础上，日常施工过程中质量检查的项目与要求；

②“随时”是指需要经常检查的项目，其检查频度可根据材料来源及质量波动情况由业主及监理确定；“必要时”是指施工各方任何一个部门对其质量发生怀疑，提出需要检查时，或是根据需要商定的检查频度。

沥青混合料生产过程中，按表4-20规定的项目和频度检查沥青混合料矿料级配，如实计算产品的合格率。单点检验评价方法应符合相关试验规程的试样平行试验的要求。

混合料生产过程中矿料级配检查频度和质量要求　　表4-20

项　　目		检查频度及单点检验评价方法	质量要求或允许偏差		试验方法
			高速公路、一级公路	其他等级公路	
筛孔尺寸	0.075mm	逐盘在线检测	±2%（2%）	—	计算机采集数据计算
	≤2.36mm		±5%（4%）	—	
	≥4.75mm		±6%（5%）	—	
	0.075mm	逐盘在线检测，每天汇总一次，取平均值评定	±1%	—	总量检验
	≤2.36mm		±2%	—	
	≥4.75mm		±2%	—	

续上表

项　目		检查频度及单点检验评价方法	质量要求或允许偏差		试验方法
			高速公路、一级公路	其他等级公路	
筛孔尺寸	0.075mm	每台拌和机每天1~2次，以两个试样的平均值评定	±2%（2%）	±2%	T 0725抽提筛分与标准级配比较的差
	≤2.36mm		±5%（3%）	±6%	
	≥4.75mm		±6%（4%）	±7%	

注：表中括号内的数字是对SMA的要求。

从料堆和皮带运输机随时目测各种材料的质量和均匀性，检查泥块及超粒径碎石，检查冷料仓有无窜仓。

4.3.2　集料标准化加工质量控制措施

沥青路面的早期损坏与使用的材料不达标、压实度偏低、级配变异大、排水设计不合理等有关。国内许多专家认为，我国集料生产的水平一直停滞在20世纪七八十年代的水平，集料生产是我国公路建设中最落后的一个领域。为了减少浪费，提高沥青路面质量，建立相关质量控制体系势在必行。通过调研和大量试验研究，认为可从以下几方面控制集料加工质量。

（1）建立市场准入制度

地、市公路主管部门应对其行政辖区内的石料生产厂家实行路用集料生产准入制度，公路系统的材料、质量监督部门联合，依据规范要求的路用集料质量标准，并根据某一生产区域的石质情况，综合考虑石料厂的生产设备、生产规模和能力、集料规格质量、生产的稳定性，对满足要求的厂家颁发“公路路用集料合格证书”，准其产品进入公路工程项目使用。各地、市公路主管部门对其辖区内使用不具备“公路路用集料合格证书”石料厂产品的单位实行重罚，从而在源头上使路面集料质量得到有效控制。

（2）规范各石料厂的设备及生产工艺

现阶段石料厂的建设、生产是无序的。由于其规模绝大部分较小，在设备的选型、生产工艺等方面不具备自身优化的能力。公路部门的材料业务科室应深入实际，根据某一产地的地质条件、材质等情况，在充分研究石料破碎设备、进行市场调查研究的基础上，向该区域的石料生产厂家推荐合适的破碎机械、石料筛分设备，使同一区域各石料厂所用破碎机械、筛分设备的生产厂家、设备型号具有一定的统一性，从而使该区域各石料的产品规格、粒径分布组合具有统一性，为公路工程项目同一拌和场使用不同石料厂产品时其路用集料粒径分布比例、形状的一致性提供保证。在生产工艺方面，公路部门应提出基本要求，并不定期由材料部门检查。特别是破碎前上料捡拣时一定要清除黏土、软弱夹层等不合格原材料。应对破碎设备磨损件极限尺寸、同一区域不同石料厂筛网规格的一致性、完整性以及筛分后单粒料的堆放条件等提出明确要求。

（3）加强施工现场控制

应加强拌和站堆料的防污染和防雨措施，规范材料堆放场地。场地必须硬化，应有通畅的临时排水设施。各料堆之间应设置隔墙，细集料应有防雨措施，矿粉堆放必须有防潮设施。要建立集料进场验收制度。在看集料样品和订购集料时，对每种不同规格（或粒径）的集料要有颗粒组成要求，即对每种规格的集料，要规定3～4个筛孔的通过量和超尺寸颗粒的含量，同时规定每个筛孔通过量的允许误差，超偏差者拒绝进场，从根本上解决粒径分布比例不稳定的问题。

在实际生产过程中，集料加工控制体系按图4-4进行。

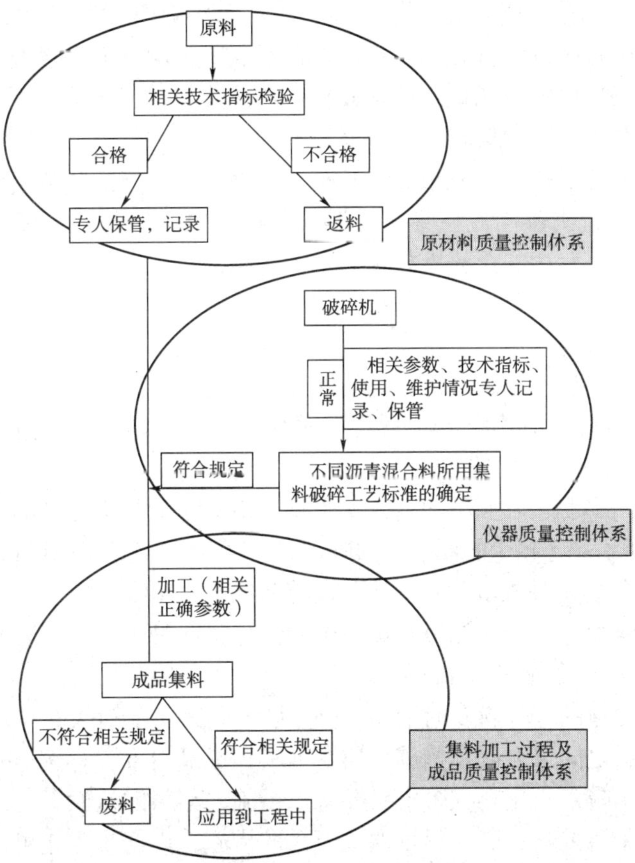

图4-4　集料加工控制体系

4.3.3 集料标准化加工质量控制要点

1. 集料加工质量控制环节

（1）开采环节的质量控制

①应成立专门的质检小组进行料源勘测分析，通过调查确定基岩的矿物组成、构造、储量、岩石密度、抗压强度、孔隙率、吸水率、耐磨性等。根据基岩特性是否满足相关规范技术要求来确定是否开采，且严格按采区进行开采。

②集料加工企业需拥有固定的宕口，基岩特性稳定，否则生产的集料质量不稳定；料源选取宜考虑就地取材的原则，可减少运距，降低成本。

③采石场在生产过程中必须彻底清除覆盖层及泥土夹层，岩石覆盖层及泥土夹层对集料质量影响大；生产碎石用的原石不得含有土块、杂物，否则集料含泥量或泥块含量将难以控制。

④盖山土、风化岩层（或不合格的岩层）清除范围距爆破影响线至少10m，人工配合装载机械进行块石分选，确保块石不混杂泥块或不合格岩石。

⑤加工现场集料堆放场地地面须硬化；部分集料加工场地未硬化，导致土、杂质易混入集料中，影响集料的洁净度和质量。

⑥场地应具有足够的面积来保证其布局合理，加工好的各类集料分开堆放，且分隔要清晰，否则不同规格集料易混放，造成级配不稳定，离析等，影响使用；加工场需设有专用的石料堆放场和块石分拣区；设置专用废料堆放场地，避免废弃料混入集料中，影响集料质量和使用。

⑦做好场地内及四周的排水设施，以免水淹没集料，增加集料含水率，沥青拌和楼中难以加热到预定温度，影响与沥青的黏附性。

⑧集料加工中，通常第一级破碎用鄂式破碎机，二级破碎有圆锥机或反击式破碎机，但最后一级破碎及回破破碎应采用反击式破碎机，其目的就是为了保证材料的规格满足沥青路面对集料的规格要求。为了保证路面用细集料0.075mm的通过率满足指标要求并保证石场不扬尘的要求，要求除尘设备配备二级以上引风式除尘装置。

⑨头破设备后宜加5cm振动筛，可以有效筛除5cm以下粉尘、碎料、软弱颗粒，可降低石料加工中的含泥量及集料中的针片状含量。

（2）加工过程的质量控制

①受料站廊道的堆存料及时清理，受料要均匀，不能时大时小。

②在成品料之间采取隔离措施，避免混料；成品料堆存与倒运时应注意机械清洁，避免泥土带入；出料皮带机头要采取措施，使料顺流而下，避免分离；成品料倒运时应避免混料；成品料堆四周要采取措施，以便渗水流出；控制下料落差不超过3m，避免集料击碎。

③应根据实际经验控制破碎机系统的放料量；经常检查耐磨件的磨损情况；控制好开口，提高破碎效率；按要求及时更换易损件。

④振筛的振幅与频率要符合规定要求；沉砂箱要做好缓冲设施，避免砂子随水流失；洗砂机安装角度要符合规定要求；水泵要定期检修，保证达到规定水量。

（3）生产岗位的质量控制

①应建立集料检验记录，以便检查集料质量的稳定性。

②质检人员和其他人员发现质量不符合规定标准，要及时命令停止生产，查找原因，解决问题后再进行生产。

③对不合格的原材料禁止进入拌和场。

④对沥青路面碎石，由于备料要求高，一定要有一定的备料周期，以免因为工期压力而忽视材料的质量。

2. 集料质量检验要点

（1）试验人员和设备

砂石场需建立试验室，配备必要试验人员和设备。砂石料试验设备主要有烘箱、标准石子筛、标准砂子筛、针片状颗粒测定仪、磅秤、天平、容积升、试验盘等仪器设备要配备足够，并必须按国家要求定期检验。

（2）毛料开采的检验

毛料开采场地必须由质检小组作出可开采的勘测分析报告后才能进行开采。砂石场的专（兼）职质检人员定期进行目测，并做好目测记录。若发现毛料场地的毛料目测发生较大的变化，要向质检小组立即汇报，对开采场地重新勘测分析，并根据分析报告决定是否进行开采。做好开采毛料场地的标识工作。

（3）成品料的检验

砂石场质量管理小组定期对生产的砂石料质量安排进行全面检验与试验，对不合格的产品要求生产车间提出纠正措施进行整改。砂石场的质量管理小组要采取每班跟踪抽查或每周不小于3次的抽查试验，并将试验结果报砂石场技术部门。经常抽查的项目粗集料有：超粒径、细小粒径、含泥量、针片状颗粒含量；细集料有：细度模数、级配曲线、含泥量。每月抽查的项目：砂石集料的表观密度、堆积密度、孔隙率、吸水率、含泥量、针片状颗粒含量、有机物含量、超粒径、细小粒径、坚固性、强度、颗粒级配、砂子细度模数等，要进行全面质量分析。

（4）特别控制指标

集料质量检验必须满足的级配要求：0～3mm规格集料在2.36mm筛孔的通过率为80%～99%，其他各档集料在关键筛孔的通过率为90%～99%，对于最大公称粒径的通过率宜为95%～97.5%。

5 工程应用实例

集料加工关键技术在广东省多项沥青路面工程的应用中，实体工程进一步验证了沥青路面集料加工关键技术的可靠性和实用性。本书以太澳高速公路广珠西段沥青路面工程为实例来说明。

太澳高速公路广珠西段是太原至澳门公路广州至珠海连接澳门高速公路工程的一部分，广珠西线二期工程（即太澳公路顺德碧江至中山沙溪段高速公路）作为应用“沥青路面集料加工关键技术”研究成果的典型示范工程。该路段起于广东佛山市顺德区碧江，连接已建成的广珠西线高速公路一期工程，全长45.573km，双向六车道，设计车速100km/h。

广东省地处南亚热带，属南亚热带典型的季风海洋气候。由于背山面海，海洋性气候特别显著，具有温暖多雨、光热充足、温差较小、夏季长、霜期短等气候特征。年平均气温为21.4～22.9℃，日均气温都在0℃以上；雨量充沛，年降水量为1689.3～1876.5mm。

太澳高速公路广珠西段路面结构为：20cm级配碎石垫层，20cm水泥稳定碎石底基层，20cm水泥稳定碎石下基层，10cm ATB-30沥青碎石上基层，8cm AC-25C路面下面层，6cm AC-20C路面中面层，4cm SMA-13路面上面层。

5.1 石料加工场情况调研分析

集料规格与品质是保证沥青路面质量的重要因素。为了保证广珠西线二期工程沥青路面的质量，对广珠西线二期工程周边石场的材质、生产能力、运输方式、价格及产品规格进行了调查，据此确定面层碎石来源与加工方式，以保证工程质量与进度。

广珠西线二期高速公路周边地区生产集料主要有珠海、佛山、中山3个地区。从以往广东省高速公路路面采用的石场情况来看，生产花岗岩的石场主要位于珠海地区，花岗岩主要用于沥青路面中下面层；生产玄武岩及材质较好的石场位于佛山地区。中山地区生产的花岗岩，石场规模普遍偏小，生产质量相对偏差。

组织技术人员对广珠西线二期沿线的珠海洪达石场、斗门融飞石场、斗门石场、珠海洪湾华实石场、珠海洪湾石场二分场、南海小塘雄风石场、高明松柏石场、中山明耀石场、珠海邦建石场和四会迳口石场等10个石场进行了现场调研，并将集料取回进行室内试验分析。

1. *石场基本情况*

石料的质量包括两个方面：一是资源特性，即碎石的力学强度、耐久性、化学稳定性、表面特性及存在不良杂质等；二是石料的加工特性，主要包括颗粒尺寸与级配、颗粒形状、颗粒组成的一致性，洁净度及0.075mm颗粒含量等。现行技术规范对以上各指标均有规定。石场基本情况见表5-1。

石场基本情况汇总表　　表5-1

序号	石场名称	材质	生产能力	运输方式	规　格	生产工艺
1	珠海洪湾华实石场	花岗岩	18万吨/月，可供5～6万吨	船运	0～3mm、3～6mm、6～11mm、11～16mm、16～22mm、22～30mm	一、颚式破 二、圆锥破/反击破 三、整形
2	珠海洪湾石场二分场	花岗岩	20万吨/月，可保证供给8万吨	船运	0～3mm、3～6mm、6～11mm、11～16mm、16～22mm、22～30mm	一、颚式破 二、圆锥破/反击破 三、整形
3	斗门融飞石场	玄武岩	1～1.5万吨/天	船运	0～3mm、3～5mm、5～10mm、10～15mm、15～22mm	一、颚式破 二、圆锥破/反击破 三、整形
4	斗门石场	花岗岩	正调试	船运	未提供	一、颚式破 二、圆锥破 三、整形
5	珠海洪达石场	闪长岩	8万吨/月	船运	0～3mm、3～6mm、6～11mm、11～16mm、15～22mm、22～35mm	一、颚式破 二、圆锥破/反击破 三、整形
6	南海小塘雄风石场	玄武岩	6万吨/月，其中50%为0～5mm碎石	船运 陆运	0～5mm、5～10mm、10～15mm	一、颚式破 二、圆锥破/反击破 三、整形
7	高明松柏石场	闪长岩	两条生产线，30万吨/月	船运 陆运	0～3mm、3～5mm、5～10mm、10～15mm	一、破颚式 二、圆锥破 三、整形

续上表

序号	石场名称	材质	生产能力	运输方式	规　格	生产工艺
8	中山南朗明耀石场	花岗岩	3条生产线，最大生产能力90万吨/月	船运	0～10mm、10～20mm、10～30mm	一、颚式破 二、圆锥破 三、圆锥破
9	珠海邦建石场	花岗岩	50万吨/月，两条生产线	船运	石屑，6～11mm，10～30mm、20～40mm	一、颚式破 二、圆锥破 三、圆锥破
10	四会迳口石场	石灰岩	15万吨/月	船运	—	—

由表5-1可以看到，各石场生产工艺基本满足沥青用面层和基层用集料要求，生产能力也满足施工要求。

2. 集料物理与力学技术指标分析

珠海洪湾华实石场、洪湾石场二分场、斗门融飞石场、珠海洪达石场、南海雄风石场、高明松柏石场拟用于沥青面层，中山明耀石场、邦建石场拟用于半刚性基层，四会迳口石场拟用于柔性基层。

（1）拟用于面层的粗集料技术指标分析

现行《公路沥青路面施工技术规范》（JTG F40—2004）规定，粗集料应该洁净、干燥、表面粗糙；高速公路面层沥青混合料用粗集料应采用应质地坚硬、耐磨、韧性好的轧制碎石。

拟用于面层的集料基本情况见表5-2。

拟用于面层粗集料基本情况　　表5-2

指　标	要　求		洪湾华实石场	洪湾石场二分场	洪达石场	融飞石场	雄风石场	松柏石场
	表面层	其他层次	11~16	11~16	15~22	10~15	10~15	10~15
石料压碎值（%），≤	26	28	12.6	13.4	12.3	7.1	18.7	10.9
洛杉矶磨耗损失（%），≤	28	30	12.0	11.8	18.6	9.0	19.5	11.9
表观相对密度，≥	2.60	2.50	2.733	2.747	2.742	2.725	2.690	2.685
吸水率（%），≤	2.0	3.0	0.52	0.44	0.53	0.6	1.76	1.04
坚固性（%），≤	12	12	1.7	1.6	—	—	2.2	2.0
针片状颗粒含量（%）	12	15	2.4	6.8	4.2	3.8	4.9	2.7
软石含量（%），≤	3	5	0	0	0	0	0	0
水洗法<0.075mm颗粒含量（%），≤	1	1	0.4	0.3	0.4	0.4	2.2	0.6

6个石场所取石料样品的压碎值、洛杉矶磨耗损失、坚固性、表观相对密度、吸水率、针片状颗粒含量及软石含量均能满足规范要求；雄风石场粗集料洁净度较差，水洗法<0.075mm颗粒含量不满足规范要求，其他石场粗集料洁净度满足规范要求。

（2）拟用于面层的细集料技术指标分析

现行《公路沥青路面施工技术规范》（JTG F40—2004）规定，细集料应该洁净、干燥、无风化、无杂质，并有适当的颗粒级配。细集料的洁净程度，石屑和机制砂以砂当量或亚甲蓝值表示。采石场在生产石屑过程中应具备抽吸设备。珠海的4个石场只进行了密度和砂当量试验，佛山两个石场增加含泥量及棱角性两项试验项目。6个石场所产细集料样品质量测试结果见表5-3。

拟用于面层细集料基本情况 表5-3

指　标	要求	洪湾华实石场	洪湾二分场	洪达石场	融飞石场	雄风石场	松柏石场
表观相对密度，不小于（%） >2.36mm部分 <2.36mm部分	2.50	2.748 2.752	2.744 2.746	2.741 2.716	2.762 2.740	2.709 2.678	2.696 2.719
含泥量（<0.075mm的含量），不大于（%）	3	—	—	—	—	16.8	11.1
砂当量，不小于（%）	60	75	62	62	48	62	52
棱角性（流动时间），不小于（%）	30	—	—	—	—	44	46

由表5-3可知，6个石场细集料样品密度、洪达石场和洪湾石场细集料砂当量、雄风石场和松柏石场细集料的棱角性满足规范要求，融飞石场和松柏石场细集料砂当量不能满足规范要求，洁净度不够；雄风石场和松柏石场细集料含泥量不能满足规范要求，含量超标较严重，尤其是雄风石场，含泥量达到了16.8%。

3. 备选面层用集料筛分及试配情况分析

（1）珠海洪达石场集料试配情况分析

洪达石场石料为闪长岩，主要适用于高速公路沥青路面中下面层。选用AC-20C和AC-25C两种级配进行试配，结果分别如图5-1和图5-2所示。

图5-1级配为AC-20C型，各档比例为（15～22）:（11～15）:（6～11）:（3～6）:（0～3）：矿粉：水泥=20：25：20：10：20：3：2。合成级配曲线在规范要求范围之内，曲线呈S形，混合料级配较好。

图5-2级配为AC-25C型，各档集料比例为（15～22）:（11～15）:（6～11）:（3～6）:（0～3）:矿粉:水泥=45：5：15：10：20：3：2。合成级配曲线上19.0mm

超出规范要求的上限，级配偏细。分析原因主要是集料粒径最大一档为15～22mm，用于AC-25C级配设计时，粒径偏小，不适合该级配设计。使用该石场石料进行AC-25C配合比设计，需对石料规格调整。

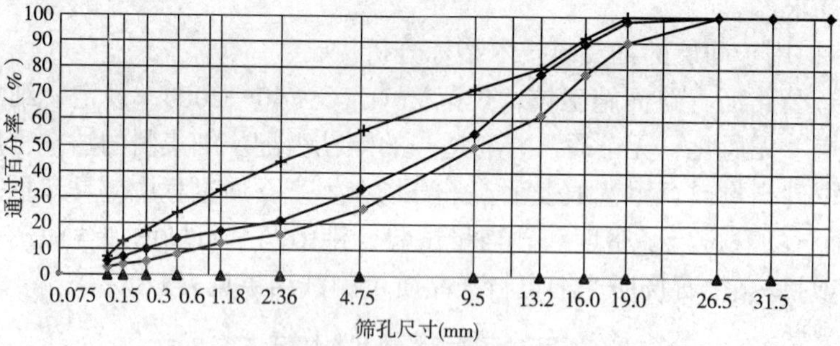

图5-1　洪达石场石料AC-20C试配级配曲线

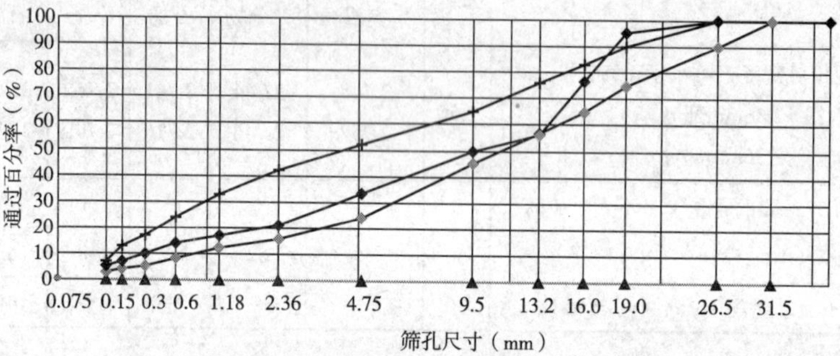

图5-2　洪达石场石料AC-25C试配级配曲线

（2）珠海融飞石场石料试配情况分析

融飞石场石料为玄武岩，主要适用于高速公路沥青路面上中面层。选用AC-20C级配进行试配，结果如图5-3所示。

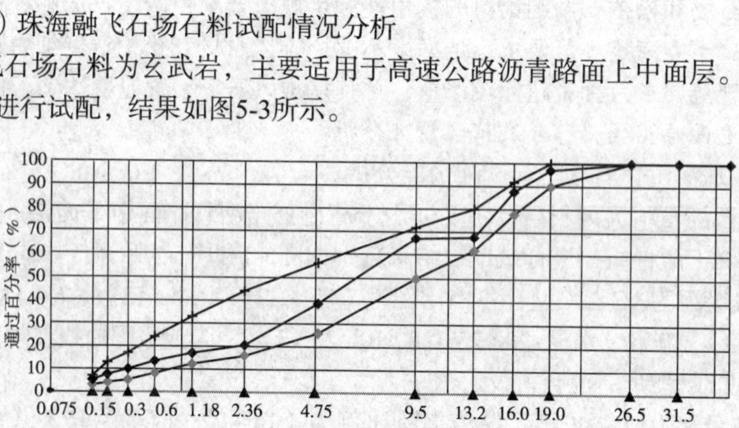

图5-3　融飞石场石料AC-20C试配级配曲线

图5-3级配为AC-20C型，各档比例为（15～22）:（10～15）:（5～10）:（3～5）:（0～3）:矿粉:水泥=16 : 17 : 27 : 12 : 23 : 3 : 2。合成级配曲线在规范要求范围之内，但是级配中13.2mm通过率偏低，9.5mm筛孔石料偏少，混合料级配较差，并出现断级配，如选用需调整集料加工振动筛筛孔尺寸。

（3）南海雄风石场石料试配情况分析

南海石场石料为玄武岩，主要适用于高速公路沥青路面上中面层。选用AC-13C级配进行试配，结果如图5-4所示。

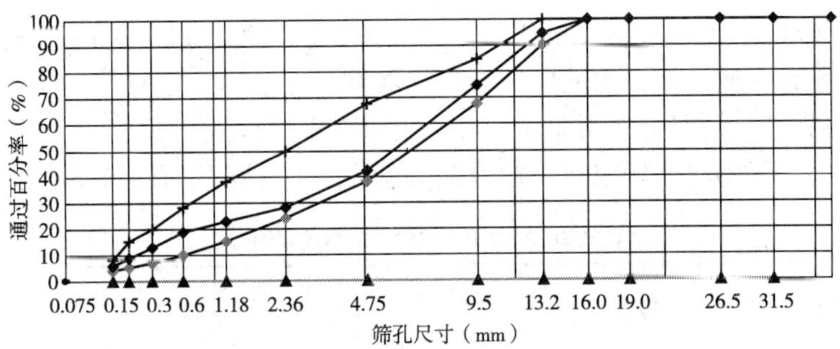

图5-4 雄风石场石料AC-13C试配级配曲线

图5-4级配为AC-13C型，各档比例为（10～15）:（5～10）:（0～5）:矿粉:水泥=30 : 28 : 37 : 3 : 2。合成级配曲线在规范要求范围之内，混合料级配较好。

（4）高明松柏石场石料试配情况分析

高明石场石料为辉质闪长岩，主要适用于高速公路沥青路面上中面层。选用AC-13C级配进行试配，结果如图5-5所示。

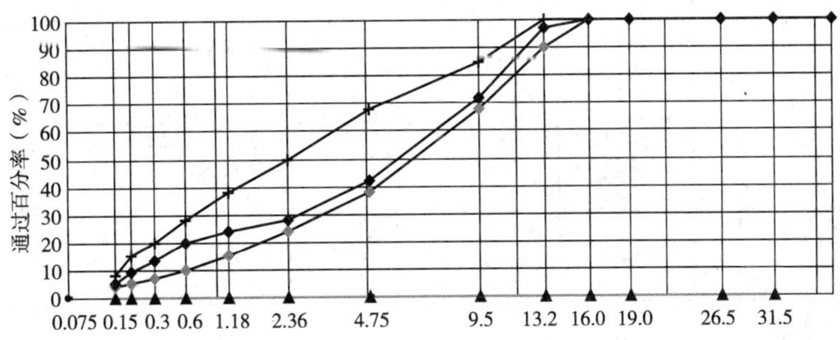

图5-5 松柏石场石料AC-13C试配级配曲线

图5-5级配为AC-13C型，各档比例为（10～15）:（5～10）:（3～6）:（0～3）:矿

粉：水泥=30：27：13：25：3：2。合成级配曲线在规范要求范围之内，混合料级配较好。

4. 拟施工用面层集料筛分及试配情况分析

基于集料的检测结果以及出于经济性的考虑，22标施工单位初拟选择珠海洪湾石场二分场为其面层材料供应商，23标施工单位初拟选择珠海洪湾华实石场为其面层材料供应商，课题组在初步调研的基础上对上述两个石场进行了细致的试验分析。

（1）珠海洪湾石场二分场集料分析

珠海洪湾石场二分场生产线一破为颚式破碎机，45～90mm集料进入圆锥破碎机，45mm以下进入反击式破碎机，集料回笼进入整形机。集料日产约6000t，月产可达到20万吨。按目前的生产能力，能够保证前两个月每月8万吨后3个月每月5万吨的要求。集料可采用船运，在码头可以提供水洗。

珠海洪湾石场二分场粗集料检测结果见表5-4，筛分结果见表5-5。

珠海洪湾石场二分场粗集料检测结果　　表5-4

试验项目	规定值	试验值				
		22～31.5mm	16～22mm	11～16mm	6～11mm	3～6mm
表观密度（g/cm³）	≥2.50	2.757	2.754	2.747	2.748	2.740
毛体积相对密度	—	2.732	2.727	2.715	2.706	2.696
水洗法<0.075mm颗粒含量（%）	≤1	0.4	0.4	0.3	0.6	1.6
针片状颗粒含量（%）	≤15	5.4	4.4	6.8	7.7	7.8
软石含量（%）	≤5	0	0	0	0	0
吸水率（%）	≤3.0	0.34	0.36	0.44	0.56	0.6
针片状颗粒含量（%）	≤15	—	—	6.8	—	—
压碎值（%）	≤28	—	—	13.4	—	—
洛杉矶磨耗损失（%）（C级）	≤30	—	—	11.8	—	—
对沥青的黏附性（SBSI-D改性）	≥4级	—	—	4级	—	—
对沥青的黏附性（70号基质沥青）	≥4级	—	—	2级	—	—
对沥青的黏附性（50号基质沥青）	≥4级	—	—	5级	—	—

珠海洪湾石场二分场集料筛分结果 表5-5

筛孔尺寸（mm）	通 过 率（%）						
	22～31.5	16～22	11～16	6～11	3～6	0～5	0～3
31.5	100.0	—	—	—	—	—	—
26.5	95.6	100.0	—	—	—	—	—
19	18.4	57.6	—	—	—	—	—
16	2.1	20.9	100.0	—	—	—	—
13.2	0.7	2.7	90.2	100.0	—	—	—
9.5	0.6	0.5	5.8	94.1	100.0	100.0	100.0
4.75	0.5	0.5	0.4	18.4	77.3	95.8	98.0
2.36	0.5	0.5	0.4	3.3	6.8	63.4	76.5
1.18	0.5	0.5	0.4	1.3	2.2	52.7	67.0
0.6	0.5	0.5	0.4	0.8	1.8	40.5	54.6
0.3	0.5	0.5	0.4	0.8	1.7	29.2	41.8
0.15	0.5	0.5	0.4	0.8	1.7	21.8	32.2
0.075	0.5	0.5	0.4	0.8	1.3	14.0	20.6
<0.075	0.1	0.0	0.1	0.0	0	—	—

细集料检测结果见表5-6。

珠海洪湾石场二分场细集料检测结果 表5-6

试验项目	规定值	试验值	
		0～5mm	0～3mm
表观相对密度	≥2.50	2.744	2.746
坚固性（%）	≤12	—	3.8
砂当量	≥60	67	62

从试验结果可知，集料与改性沥青与基质50号沥青的黏附性可以达到规范要求，但与基质70号沥青黏附性不符合要求，建议在配合比设计中掺配一定量的水泥代替矿粉。22～31.5mm、16～22mm、11～16mm规格级配符合规范中沥青混合料用S6、S8、S10规格粗集料级配要求；其他所测指标符合规范中高速公路中下面层沥青混合料用粗集料质量技术要求，其他各档集料所检测物理指标和力学指标符合规范要求。6～11mm试样中4.75mm筛孔集料偏细，级配不符合规范中沥青

混合料用S12规格粗集料级配要求，3～6mm试样中4.75mm筛孔集料通过率偏小，明显偏粗，级配不符合规范中沥青混合料用S14规格粗集料级配要求，0～3mm试样级配不符合规范中沥青混合料用S16级配要求，其中2.36mm筛孔通过率偏小，0.15mm筛孔通过率偏大，水洗法<0.075mm颗粒含量偏大，如与其他规格集料掺配后混合料级配符合规定要求，仍可使用。0～5mm规格集料不建议使用，试样级配不符合沥青混合料用石屑S15级配要求。

由集料检测和筛分结果可以看到，集料的基本质量技术指标符合高速公路中下层沥青路面用集料和柔性基层用集料要求，可以作为沥青中、下面层集料使用，但S12、S14、S15档集料不符合规范中集料级配要求，不良的级配会导致沥青路面级配变异性增大，增加路面集料离析几率，导致路面质量难以控制，建议对珠海洪湾石场集料的加工工艺进行改进，通过更换筛网、调整工序等方法来提高集料加工水平，经过改进的集料加工工艺可以生产出达到规范要求的规格集料，若石场方面拒绝对集料生产工艺进行改进则建议放弃此石场集料。

根据筛分结果，按4.75mm通过率取中值、4.75mm通过率中值偏上和4.75mm通过率中值偏下3个方案进行AC-25、AC-20和ATB-30沥青混合料的级配曲线设计，级配曲线中矿粉和水泥按常规筛分结果取值。3种沥青混合料掺配比较见表5-7。

沥青混合料各档集料比例（%） 表5-7

名 称	ATB-30			AC-20			AC-25		
	中线	偏下	偏上	中线	偏下	偏上	中线	偏下	偏上
22～31.5mm	50	55	50	0	0	0	18	18	18
16～22mm	0	0	0	19	19	19	14	14	14
11～16mm	9.5	10.5	8	23	17.5	29	9	15	10
6～11mm	12.5	11.5	8	20	20.5	19	25	24	15
3～6mm	0	0	0	0	0	0	0	0	0
0～3mm	24	19	30	34	39	29	30	25	39
水泥	2	2	2	2	2	2	2	2	2
矿粉	2	2	2	2	2	2	2	2	2

AC-20、AC-25、ATB-30沥青混合料设计级配曲线如图5-6～图5-8所示。

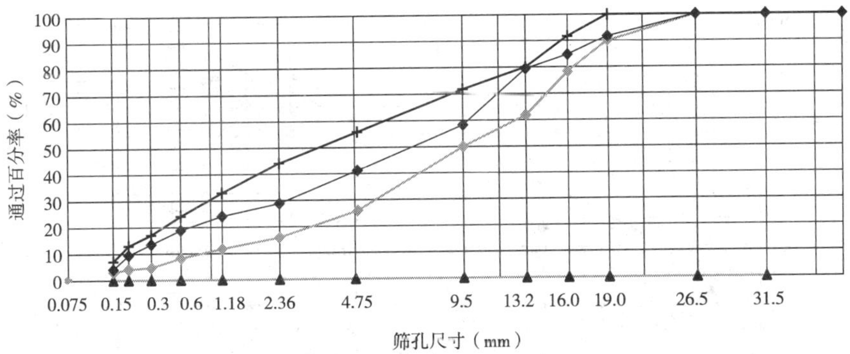

a)AC-20 4.75mm取中值级配曲线

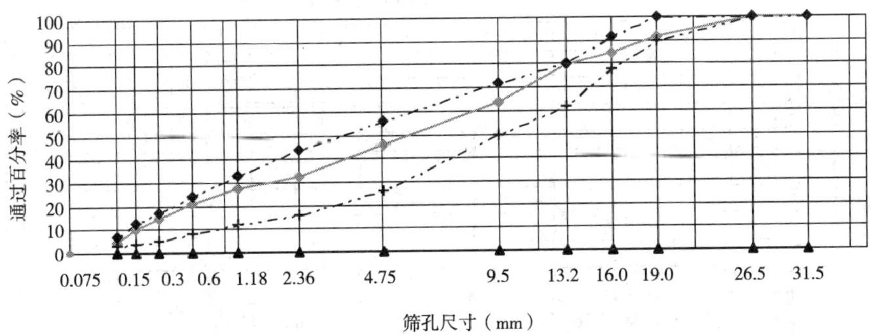

b)AC-20 4.75mm偏上限值级配曲线

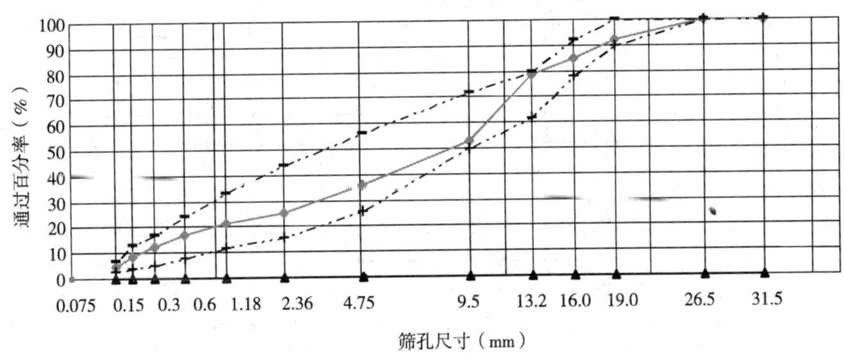

c)AC-20 4.75mm偏下限值级配曲线

图5-6　AC-20 4.75mm级配曲线

由图5-6可以看到，在按4.75mm档集料3个取值范围内，目前筛分结果可以调配出AC-20沥青混合料规范限值范围内的级配曲线，但曲线没有达到S形曲线的理想要求。

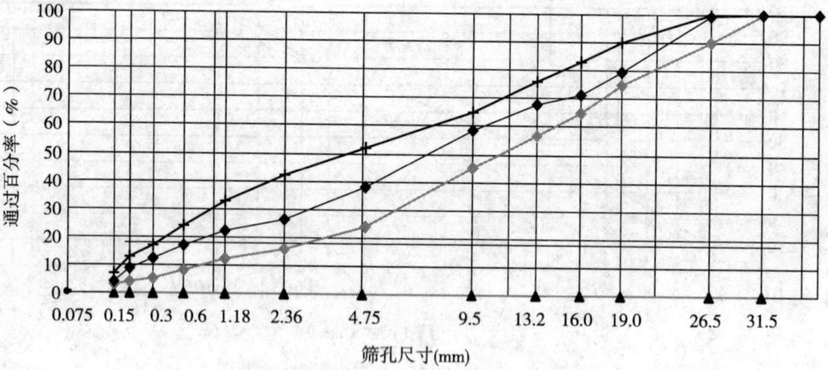

a)AC-25 4.75mm取中值级配曲线

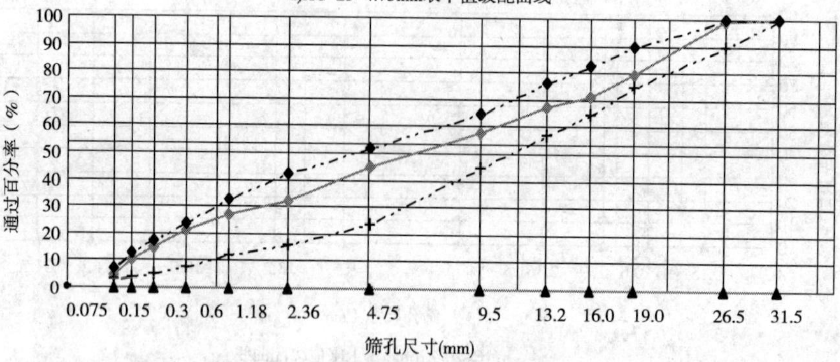

b)AC-25 4.75mm偏上限级配曲线

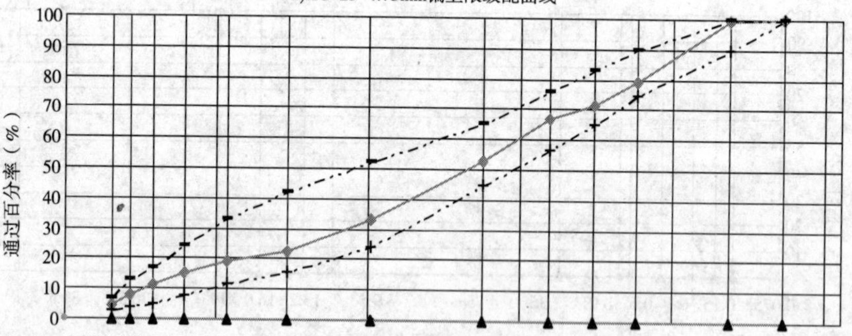

c)AC-25 4.75mm偏下限级配曲线

图5-7 AC-25 4.75mm偏下限级配曲线

由图5-7可以看到，在按4.75mm档集料3个取值范围内，可调配出AC-25沥青混合料规范限值范围内的级配曲线，曲线走势比较理想。

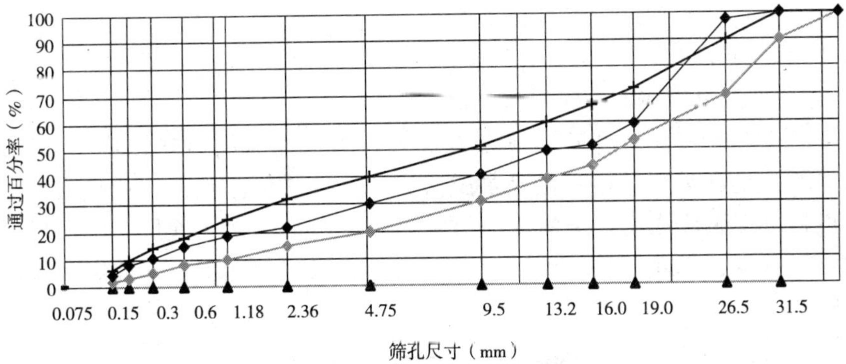

a)ATB-30 4.75mm取中值级配曲线

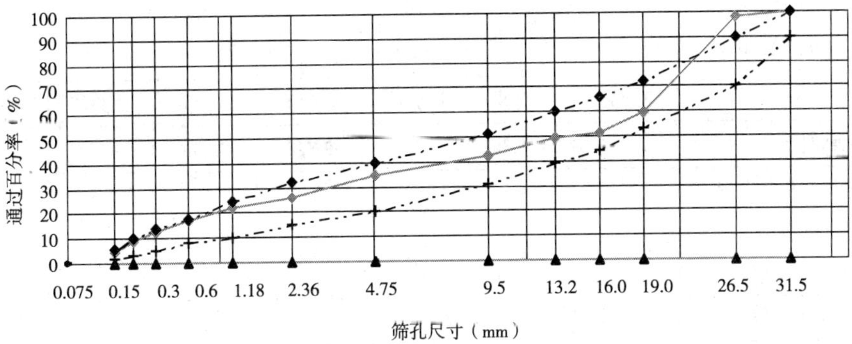

b)ATB-30 4.75mm偏上限级配曲线

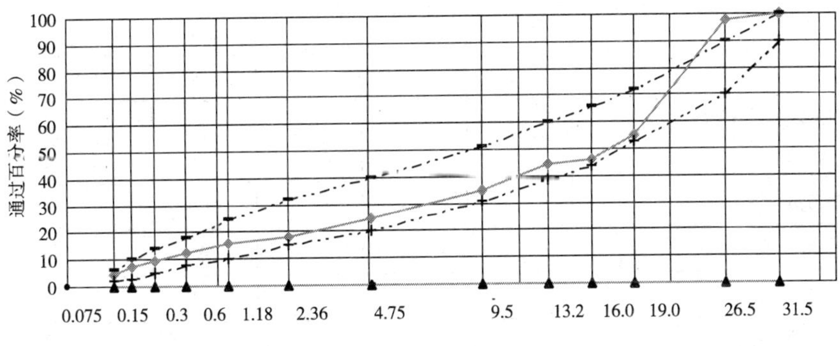

c) ATB-30 4.75mm偏下限级配曲线

图5-8 ATB-30 4.75mm偏下限级配曲线

由图5-8可以看到，在按4.75mm档集料3个取值范围内，目前筛分结果难以调配出ATB-30沥青混合料规范限值范围内的级配曲线，曲线走势不理想，若

ATB-30沥青混合料采用此集料必须改进集料加个工艺。

从调配的级配曲线上看，珠海洪湾二分场集料加工工艺需要改进。

（2）珠海洪湾华实石场集料分析

珠海洪湾华实石场生产集料为花岗岩，月产能力约为36万吨，可生产6种规格集料，集料生产采用一破为颚式破碎机，二破为圆锥破，三破为整形机整形，集料可在码头水洗。珠海洪湾石场集料拟用于SMA上面层、中面层、下面层和柔性基层，粗集料检测结果见表5-8，筛分结果见表5-9，细集料检测结果见表5-10。

珠海洪湾华实石场粗集料检测结果 表5-8

试验项目	规定值		规格（mm）				
			22～30	11～22	11～16	6～11	3～6
	表面层	其他层	试验值	试验值	试验值	试验值	试验值
表观相对密度	≥2.60	≥2.50	2.732	2.728	2.733	2.734	2.737
毛体积相对密度	—	—	2.707	2.698	2.694	2.682	2.677
水洗法<0.075mm颗粒含量（%）	≤1	≤1	0.3	0.4	0.4	0.6	0.6
软石含量（%）	≤5	—	0	0	0	0	0
吸水率（%）	≤2.0	≤3.0	0.34	0.53	0.52	0.72	0.82
针片状颗粒含量（%）	≤12	≤15	1.4	2.2	2.4	1.2	1.5
压碎值（%）	≤26	≤28	—	—	12.6	—	—
洛杉矶磨耗损失（%）（C级）	≤28	≤30	—	—	12.0	—	—
冲击值（%）	—	—	—	—	11.3	—	—
磨光值	≥42	—	—	—	49	—	—
坚固性（%）	≤12	≤12	—	—	1.7	—	—
对沥青的黏附性（SBS改性）	≥5级	≥4级	—	—	5级	—	—
对沥青的黏附性（70号基质）	≥5级	≥4级	—	—	3级	—	—
对沥青的黏附性（50号基质）	≥5级	≥4级	—	—	5级	—	—

珠海洪湾华实石场集料筛分结果　　表5-9

筛孔尺寸（mm）	通过率（%）					
	22～30	11～22	11～16	6～11	3～6	0～3
37.5	—	—	—	—	—	—
31.5	100.0	—	—	—	—	—
26.5	99.2	100.0	—	—	—	—
19	31.5	96.6	100.0	—	—	—
16	3.0	73.4	100.0	100.0	—	—
13.2	0.4	34.7	94.7	100.0	100.0	—
9.5	0.4	1.5	11.5	77.7	100.0	100.0
4.75	0.4	0.5	0.3	0.7	86.9	100.0
2.36	0.4	0.5	0.3	0.6	1.0	83.3
1.18	0.4	0.5	0.3	0.6	0.5	68.0
0.6	0.4	0.5	0.3	0.6	0.5	50.5
0.3	0.4	0.5	0.3	0.6	0.5	35.8
0.15	0.4	0.5	0.3	0.6	0.5	26.4
0.075	0.4	0.5	0.3	0.6	0.5	17.2

珠海洪湾华实石场细集料检测结果　　表5-10

试验项目	规定值	0～3mm	
		>2.36mm	<2.36mm
		试验值	试验值
表观相对密度	≥2.50	2.748	2.752
毛体积相对密度	—	2.682	2.612
坚固性（%）	≤12	—	
砂当量	≥60	75	

从表5-8～表5-10试验结果可以看到，洪湾华实石场粗集料与A级70号普通沥青黏附性不符合《公路沥青路面施工技术规范》（JTG F40—2004）的要求，可通过掺配水泥或抗剥落剂等措施解决。粗、细集料所测其他物理指标和力学指标

符合《公路沥青路面施工技术规范》（JTG F40—2004）要求，部分集料筛分结果不符合《公路沥青路面施工技术规范》（JTG F40—2004）要求，主要体现：6～11mm规格试样中9.5mm一档通过率偏小，集料偏粗；3～6mm规格试样中4.75mm一档通过率偏小，集料偏粗；0～3mm规格试样中0.075mm一档通过率偏大；不符合（JTG F40—2004）沥青混合料用集料要求，如与其他规格集料掺配后混合料级配符合规定要求，仍可使用。

综合集料试验结果可知，集料的基本质量技术指标符合高速公路SMA上面层、中面层、下面层沥青路面用集料和柔性基层用集料要求，可以作为沥青面层集料使用，但S12、S14、S16档集料不符合规范中集料级配要求，不良的级配会导致沥青路面级配变异性增大，增加路面集料离析的概率，导致路面质量难以控制，此建议对珠海洪湾华实石场集料的加工工艺进行改进，可通过更换筛网，调整工序等方法提高集料加工水平，经过改进集料加工工艺可以生产出达到规范要求的规格集料。

根据筛分结果，按4.75mm通过率取中值、4.75mm通过率中值偏上和4.75mm通过率中值偏下 3 个方案进行SMA-13、AC-25、AC-20和ATB-30沥青混合料的级配曲线设计，级配曲线中矿粉和水泥按常规筛分结果取。4 种沥青混合料掺配比例见表5-11。

沥青混合料各档集料比例（%）　　表5-11

名　称	ATB-30			AC-20			AC-25			SMA-13		
	中线	偏上	偏下	中线	偏上	偏下	中线	偏上	偏下	中线	偏上	偏下
22～31.5mm	50	50	50	8	8	8	26	26	27	0	0	0
16～22mm	10	10	10	25	25	25	15	12	20	0	0	0
11～16mm	0	0	0	5	5	13	0	0	0	33	38	39
6～11mm	10	5	15	20	15	17	20	18	20	40	31	37
3～6mm	6	3	6	10	8	11	8	8	5	5	6	5
0～3mm	20	28	15	28	35	22	27	32	24	13	16	10
水泥	2	2	2	2	2	2	2	2	2	7	7	7
矿粉	2	2	2	2	2	2	2	2	2	2	2	2

AC-20、AC-25、ATB-30、SMA-13沥青混合料设计级配曲线如图5-9～图5-12所示。

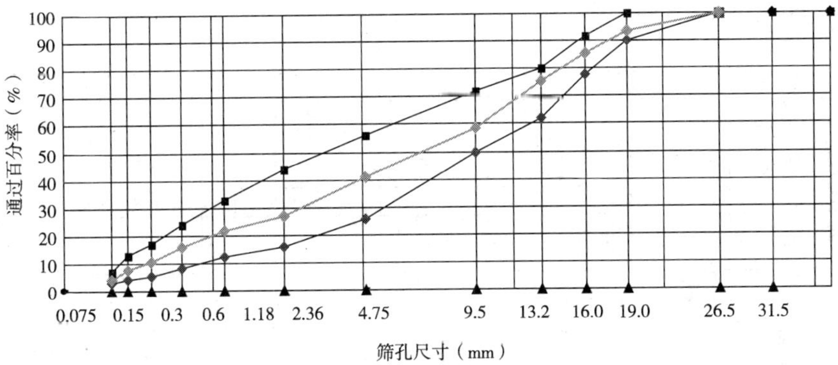

a)AC-20 4.75mm取中值级配曲线

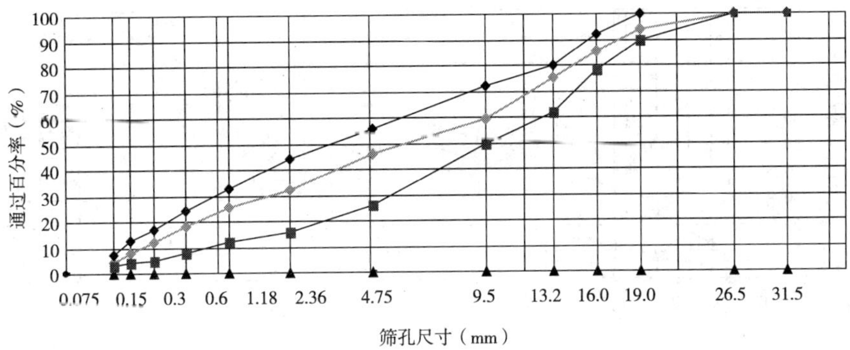

b)AC-20 4.75mm偏上限值级配曲线

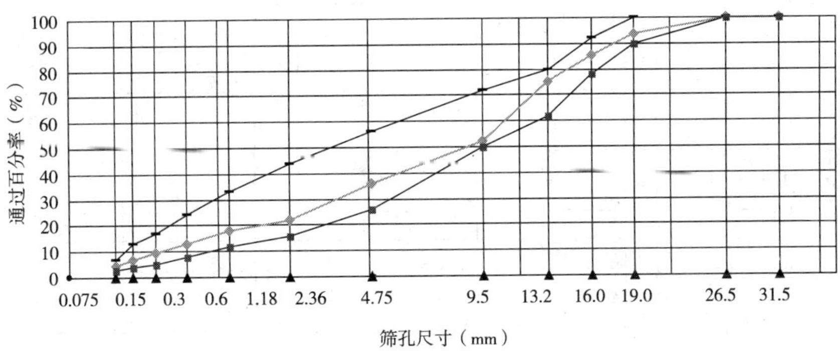

c)AC-20 4.75mm偏下限值级配曲线

图5-9 AC-20 4.75mm级配曲线

由图5-9可以看到，在按4.75mm档集料3个取值范围内，目前筛分结果可以调配出AC-20沥青混合料规范限值范围内的级配曲线，曲线走势比较理想。

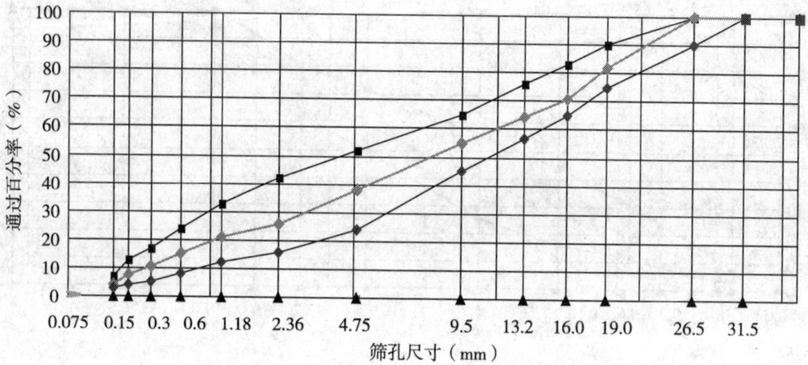

a)AC-25 4.75mm取中值级配曲线

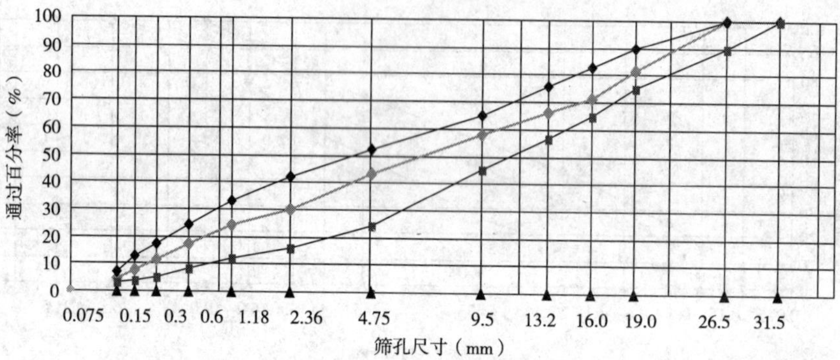

b)AC-25 4.75mm偏上限级配曲线

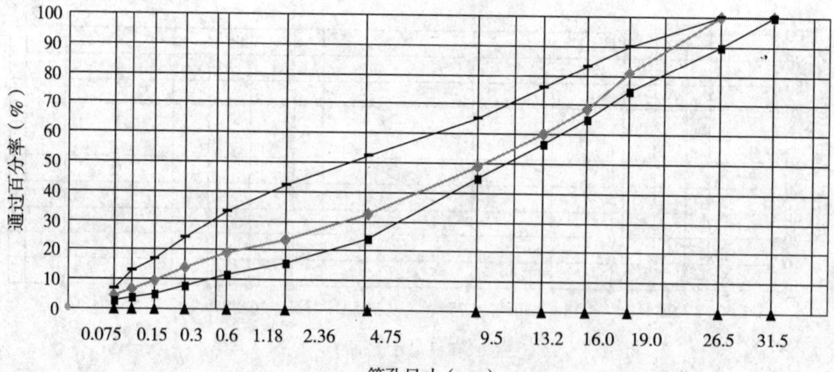

c)AC-25 4.75mm偏下限级配曲线

图5-10 AC-25 4.75mm级配曲线

由图5-10可以看到，在按4.75mm档集料3个取值范围内，目前筛分结果可以调配出AC-25沥青混合料规范限值范围内的级配曲线，曲线走势比较理想。

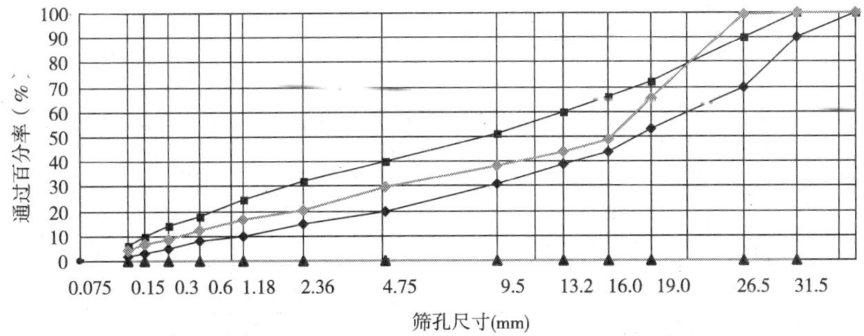

a) ATB-30 4.75mm取中值级配曲线

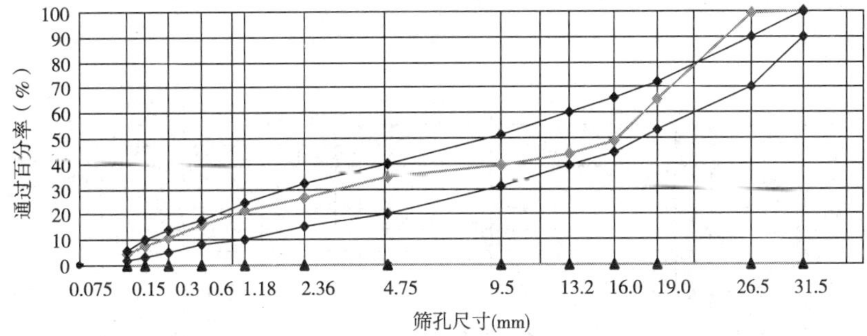

b)ATB-30 4.75mm偏上限级配曲线

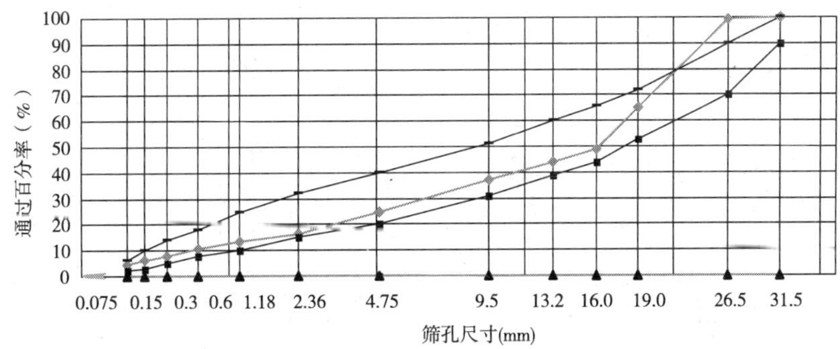

c)ATB-30 4.75mm偏下限级配曲线

图5-11 ATB-30 4.75mm级配曲线

由图5-11可以看到，在按4.75mm档集料3个取值范围内，目前筛分结果难以调配出ATB-30沥青混合料规范限值范围内的级配曲线，曲线走势不理想，主要是26.5mm档集料通过率偏大，无法达到规范要求，究其原因，是因为22～31.5mm一档集料中，26.5mm集料通过率达到了99.2%，说明22～31.5mm集料对于ATB-30柔性基层来讲集料偏细，因此，若ATB-30沥青混合料采用此集料必须改进集料加个工艺。

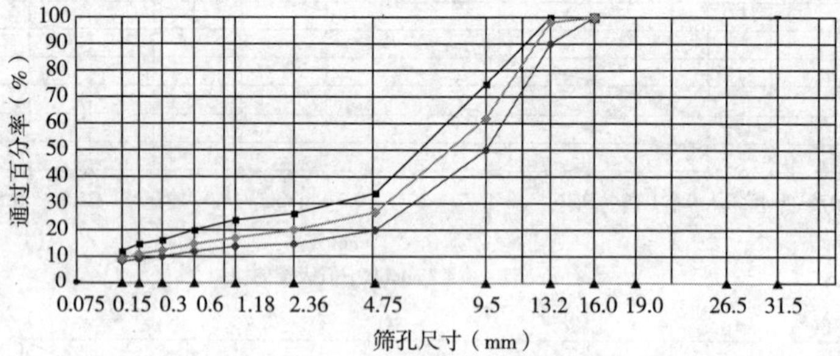

a)SMA-13 4.75mm取中值筛分曲线

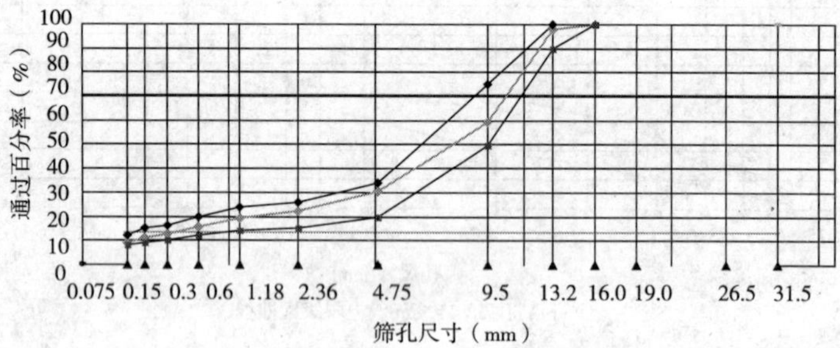

b)SMA-13 4.75mm偏上限筛分曲线

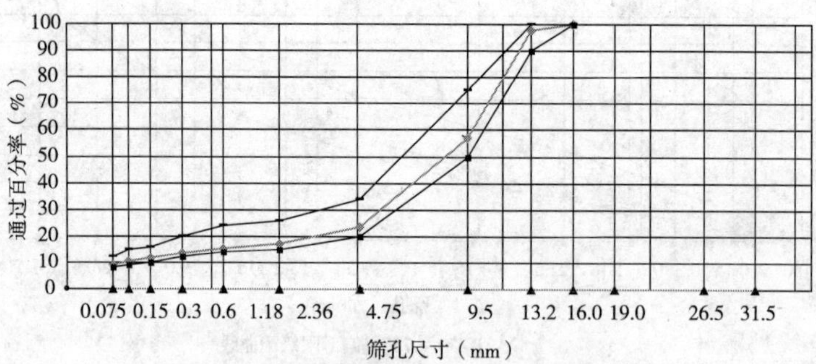

c)SMA-13 4.75mm偏下限筛分曲线

图5-12 SMA-13 4.75mm筛分曲线

由图5-12可知，在按4.75mm档集料3个取值范围内，目前筛分结果可以调配出SMA-13沥青混合料规范限值范围内的级配曲线，曲线走势比较理想。

从调配的级配曲线上看，目前珠海洪湾华实集料级配基本满足沥青路面SMA-13上面层、AC-20中面层、AC-25下面层要求，而对于ATB-30柔性基层来讲，22～31.5mm档偏细，而该档集料对其他面层是合适的，因此建议珠海洪湾华实石场另外生产一档22～35mm集料，以此档集料掺量为50%考虑，则要求31.5mm通过率处于80%～90%之间，26.5mm通过率处于50%～80%之间。

5.2 集料加工工艺

根据以上试验分析，拟采用的料场加工的集料不利于调配出好的沥青混合料级配，后来利用“沥青路面集料加工关键技术”研究成果对集料加工工艺进行了改进。

1. 集料加工工艺流程

太澳高速公路顺德至中山段沥青路面集料加工主要采用颚式破碎机、圆锥破碎机、反击式破碎机及制砂机。碎石加工采用研究提出的加工工艺进行，加工工艺流程为：喂料机→鄂式破碎机→圆锥机→反击破碎机（+引风除尘设备）→振筛机（+引风除尘设备）→产品→反击破碎机（+引风除尘设备）→振筛机（+引风除尘设备），如图5-13所示。

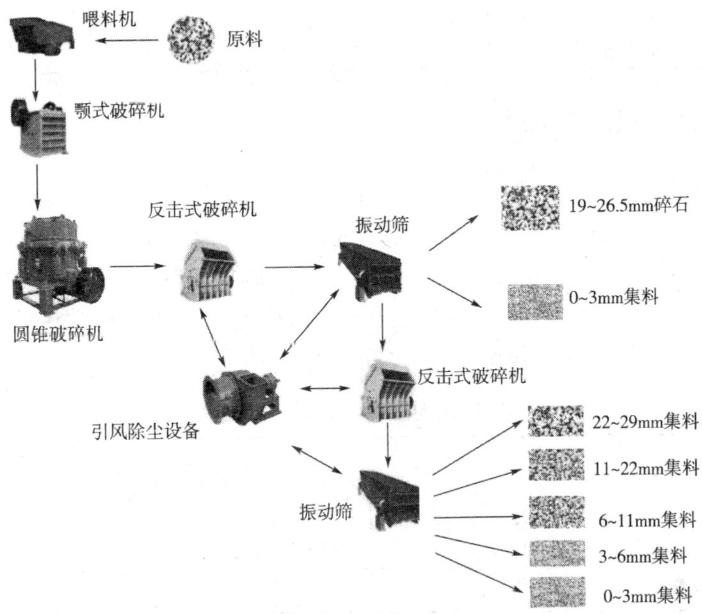

图5-13 集料加工工艺流程

2. 集料加工顺序

太澳高速公路顺德至中山段沥青路面ATB-25、AC-25C、AC-20C用集料规格有S7C、S8C、S9、S10、S11、S12、S14、S15和S16。先加工的5种规格集料为S7C、S9、S12、S14和S16，待S7C加工数量足够后，将S7C改为S8C继续生产。SMA-13是用S10、S12、S14和S16共4种规格集料配制沥青混合料，S10、S12、S14和S16直接控制着连续相邻的13.2mm、9.5mm、4.75mm和2.36mm等4个关键筛孔的通过率，4种规格集料可同时加工。

3. 集料加工筛孔设置

太澳高速公路广珠西段沥青路面各档集料加工控制筛孔设置见表5-12。

太澳高速沥青混合料用集料振动筛筛孔设置 表5-12

名称	用途	筛孔尺寸（mm）				
AC-25	集料生产	3	6	11	22	30
	拌和楼	4	7	11	22	35
AC-20	集料生产	3	6	11	22	
	拌和楼	4	7	11	30	
SMA-13	集料生产	3	6	11	15	
	拌和楼	4	7	12	16	
ATB-30	集料生产	3	6	11	22	35
	拌和楼	4	7	11	22	40

5.3 集料质量控制

在沥青路面施工前，对沿线主要料场生产的集料进行了抽样检测，详细情况见前述。集料加工场控制的振动筛关键筛网尺寸为35mm、30mm、22mm、15mm、11mm、6mm、3mm。加强除尘设备、调整工序等方法来提高集料加工水平。洪湾石场经过改进的集料加工工艺生产出的集料相关技术指标见表5-13，料场集料加工设备调试过程见表5-14，正式生产级配见表5-15。

沥青路面用各档集料检测结果 表5-13

检测项目		规范要求	检测结果（mm）					
			22 ~ 40	22 ~ 30	11 ~ 22	11 ~ 16	6 ~ 11	3 ~ 6
压碎值（%）		≤26	14.3	14.1	14.9	15.9 ~ 12.9	—	—
洛杉矶磨耗率（%）		≤28	—	—	—	13.1 ~ 12.0	—	—
针片状颗粒含量（%）	混合料	≤15	—	—	—	—	8.7	—
	<9.5mm	≤12	—	—	—	—	1.3 ~ 2.1	2.5 ~ 2.6
	>9.5mm	≤18	4.4	5.9 ~ 2.0	6.6 ~ 2.9	7.8 ~ 1.3	—	—

续上表

检 测 项 目	规范要求	检测结果（mm）					
		22～40	22～30	11～22	11～16	6～11	3～6
水洗法<0.075mm颗粒含量（%）	≤1	0	0.5	0.3	0.5	0.5	0.6
软石含量（%）	≤3	—	0	—	0.0	1.1	—
坚固性（%）	≤12	—	1.7	—	1.0	1.0	1.0
磨光值PSV（%）	≥42	—	—	—	45.0	—	—
与沥青的黏附性（级）	≥5	—	—	—	—	—	—
吸水率（%）	≤2.0	—	0.52	—	—	—	—
表观相对密度	≥2.60	—	2.733	—	—	—	—
毛体积相对密度	—	—	—	—	—	—	—
抗压强度（MPa）	—	120.7					

检 测 项 目		矿粉		0～3mm		机制砂	
		规范要求	检测结果	规范要求	检测结果	规范要求	检测结果
表观相对密度		≥2.50	2.782	≥2.50	2.750	≥2.50	2.768
砂当量（%）		—	—	≥60	—	≥60	80
亚甲基蓝值（g/kg）		—	—	≤25	87	≤25	—
外观		无团粒结块	无团粒结块	—	—	—	—
粒度范围（%）	<0.6mm	100	—	—	—	—	—
	<0.15mm	90～100	—	—	—	—	—
	<0.075mm	75～100	—	—	—	—	—

太澳集料生产过程的调试资料 表5-14

调试顺序	集料规格（mm）	下列筛孔（mm）通过率（%）											
		26.5	19	16	13.2	9.5	4.75	2.36	1.18	0.6	0.3	0.15	0.075
1	22～30	97.5	12.9	0.5	0.5	0.5	0.5	0.5	0.5	0.5	0.5	0.5	0.5
	11～22	100	89.9	56	24.4	1.2	0.6	0.6	0.6	0.6	0.6	0.6	0.6
	11～16			100	80.5	13.3	0.4	0.4	0.4	0.4	0.4	0.4	0.4
	6～11				100	87.6	0.9	0.1	0.1	0.1	0.1	0.1	0.1
	3～6					100	80.9	3.8	1.2	0.3	0.3	0.3	0.3
	0～3						100	84.9	62.8	38.2	24.9	18.4	14.3

续上表

调试顺序	集料规格（mm）	下列筛孔（mm）通过率（%）											
		26.5	19	16	13.2	9.5	4.75	2.36	1.18	0.6	0.3	0.15	0.075
2	22 ~ 30	97.2	16	2	1.1	0.9	0.7	0.7	0.7	0.7	0.7	0.7	0.7
	11 ~ 22	100	93.9	73.6	38.1	10.6	9.3	0.4	0.4	0.4	0.4	0.4	0.4
	11 ~ 16			100	84.2	13.5	0.6	0.6	0.6	0.6	0.6	0.6	0.6
	6 ~ 11				100	90.5	2.5	0.4	0.4	0.4	0.4	0.4	0.4
	3 ~ 6					100	86.1	2.9	0.7	0.3	0.3	0.3	0.3
	0 ~ 3						100	81.2	57.1	32.1	18.9	12.8	9.3
3	22 ~ 30	96.7	12.1	1.6	0.7	0.5	0.5	0.5	0.5	0.5	0.5	0.5	0.5
	11 ~ 22	100	93.3	57.4	21.5	1.7	0.1	0.1	0.1	0.1	0.1	0.1	0.1
	11 ~ 16			100	89.9	26.5	1.1	0.6	0.6	0.6	0.6	0.6	0.6
	6 ~ 11				100	90.3	2.4	0.2	0.2	0.2	0.2	0.2	0.2
	3 ~ 6					100	92.2	16.2	5.4	2.4	0.3	0.3	0.3
	0 ~ 3						100	80	58.2	34.4	20.9	14.7	10.9
4	22 ~ 30	96.2	12.4	1.8	0.6	0.5	0.5	0.5	0.5	0.5	0.5	0.5	0.5
	11 ~ 22	100	98.4	87	64.1	2.7	0.1	0.1	0.1	0.1	0.1	0.1	0.1
	11 ~ 16			100	92.9	3.5	1.1	0.3	0.3	0.3	0.3	0.3	0.3
	6 ~ 11				100	91.8	3.5	0.3	0.3	0.3	0.3	0.3	0.3
	3 ~ 6					100	93.2	14.9	4.2	1.7	1.4	0.5	0.5
	0 ~ 3						100	82	60.3	34.7	21.1	14.5	10.2
5	22 ~ 30	96.9	18.3	2.1	1.3	0.4	0.4	0.4	0.4	0.4	0.4	0.4	0.4
	11 ~ 22	100	96.9	76	40.5	2.7	0.4	0.4	0.4	0.4	0.4	0.4	0.4
	11 ~ 16			100	93.3	3.2	0.7	0.2	0.2	0.2	0.2	0.2	0.2
	6 ~ 11				100	95.3	13.9	1.1	0.3	0.3	0.3	0.3	0.3
	3 ~ 6					100	95.3	11.7	4.9	1.2	0.3	0.3	0.3
	0 ~ 3						100	85.3	64.6	38.5	23.7	14.9	10.0

从表5-14中看出，第一次生产的6种规格中11 ~ 22mm、11 ~ 16mm、6 ~ 11mm、3 ~ 6mm关键筛孔通过率达不到监控指标的要求，粒径偏大，表明破碎机的中、细破碎腔的反击板与板锤之间的间隙偏大，应调小。0 ~ 3mm在0.075mm上通过百分率偏大，宜调整引风除尘设备。调整后第二次的结果表明

11～22mm、6～11mm、0～3mm合格，但11～16mm、3～6mm仍然不合格，颗粒偏粗，说明破碎机调整并未到位。第三次调整后，11～16mm颗粒还是偏粗，3～6mm在2.36mm上偏细；再调试第四次，6种规格集料全合格，第五次是备料中的抽样，表明生产基本稳定。说明通过调试破碎机破碎腔的反击板与板锤之间的间隙可以改变集料的粒径与级配，是行之有效的方法。

正式生产集料筛分结果　　表5-15

筛孔尺寸（mm）	通过百分率（%）						
	22～35	22～30	11～22	11～15	6～11	3～6	0～3
37.5	100	—	—	—	—	—	—
31.5	96.7	100.0	—	—	—	—	—
26.5	57.2	96.6	100.0	—	—	—	—
19	1.5	17.4	59.6	—	—	—	—
16	0.2	2.1	21.9	100.0	—		—
13.2	0.2	0.7	2.6	92.2	100.0	—	—
9.5	0.2	0.6	0.5	5.8	94.1	100.0	100.0
4.75	0.2	0.4	0.5	0.4	13.4	92.3	98.0
2.36	0.2	0.4	0.5	0.4	3.2	6.5	86.5
1.18	0.2	0.4	0.5	0.4	1.3	2.2	68.0
0.6	0.2	0.4	0.5	0.4	0.8	1.8	53.6
0.3	0.2	0.4	0.5	0.4	0.8	1.7	41.8
0.15	0.2	0.4	0.5	0.4	0.8	1.7	22.2
0.075	0.2	0.4	0.5	0.4	0.8	1.3	10.6

由表5-13～表5-15可知，按作者研究提出的集料加工工艺调整后所生产的各规格集料全部达到规范要求。

5.4　沥青混合料性能

1. ATB-30沥青混合料级配

拌和楼为瑞士进口的AMMANN间歇式沥青拌和楼。拌和楼配筛为4mm、7mm、11mm、23mm、40mm的筛板，所对应料仓为：1号仓0～4mm，2号仓4～7mm，3号仓7～11mm，4号仓11～23mm，5号仓23～40mm。矿料筛分结果见表5-16，合成级配曲线如图5-14所示。

ATB-30矿料筛分结果 表5-16

筛孔尺寸（mm）	碎石及矿料筛分通过率（%）						
	5号仓	4号仓	3号仓	2号仓	1号仓	水泥	合成级配
37.5	100						100
31.5	95.8	100					98.7
26.5	64.9	100					88.8
19	1.2	85.2	100				64.7
16	0.7	60.3	100				58.3
13.2	0.3	34.3	99.9				51.7
9.5	0.2	1.9	92.3	100	100		42.6
4.75	0.2	0.2	0.4	70.7	99.9		29.4
2.36	0.2	0.2	0.3	0.5	78.1		21.7
1.18	0.2	0.2	0.3	0.5	56.4		16.3
0.6	0.2	0.2	0.3	0.5	39.3		12.0
0.3	0.2	0.2	0.3	0.5	25.8	100	8.7
0.15	0.2	0.2	0.3	0.5	17.0	100	6.5
0.075	0.2	0.2	0.3	0.5	8.2	99.4	4.3
各矿料所占比例（%）	32	25	13	3	25	2	

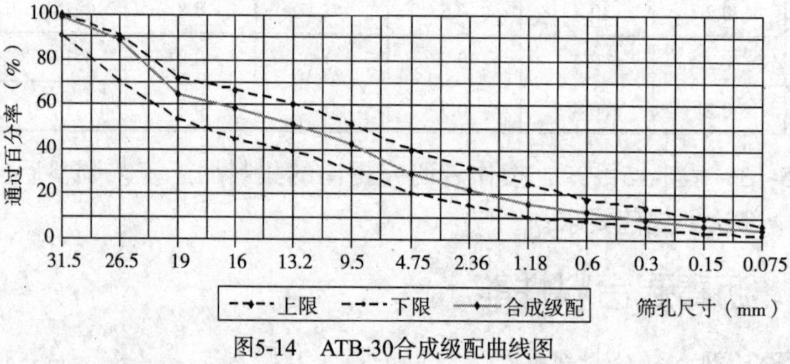

图5-14 ATB-30合成级配曲线图

2. AC-25C沥青混合料级配

沥青混合料拌和楼配筛为4mm、7mm、11mm、22mm、30mm的筛板，所对应料仓为1号仓0～4mm，2号仓4～7mm，3号仓7～11mm，4号仓11～22mm，5号仓22～30mm。矿料筛分结果见表5-17，合成级配曲线如图5-15所示。

AC-25C矿料检测结果 表5-17

筛孔尺寸（mm）	矿料筛分通过率（%）						
	22 ~ 30	11 ~ 22	6 ~ 11	3 ~ 6	0 ~ 3	矿粉	水泥
31.5	100						
26.5	96.1	100					
19	13.4	94.0					
16	2.1	66.0					
13.2	0.9	29.6	100				
9.5	0.3	1.2	83.9	100			
4.75	0.3	0.3	0.9	82.2	100		
2.36	0.3	0.3	0.3	2.9	82.2		
1.18	0.3	0.3	0.3	0.7	57.5		
0.6	0.3	0.3	0.3	0.5	37.6	100	100
0.3	0.3	0.3	0.3	0.5	23.3	100	100
0.15	0.3	0.3	0.3	0.5	15.5	98.7	100
0.075	0.3	0.3	0.3	0.5	8.1	82.0	99.4
各种矿料所占比例（%）	18	32	18	3	25.5	2	1.5

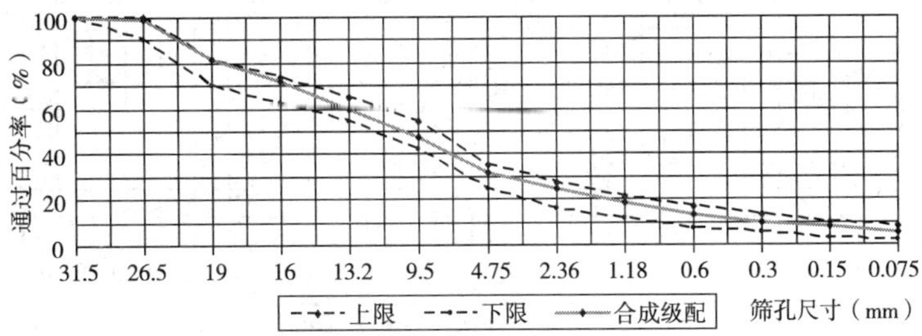

图5-15 AC-25C合成级配曲线图

3. AC-20C沥青混合料级配

沥青混合料拌和楼配筛为4mm、7mm、11mm、22mm、30mm的筛板，所对应料仓为1号仓0 ~ 4mm，2号仓4 ~ 7mm，3号仓7 ~ 11mm，4号仓11 ~ 22mm，5号仓22 ~ 30mm。矿料筛分结果见表5-18，合成级配曲线如图5-16所示。

AC-20C矿料检测结果 表5-18

筛孔尺寸（mm）	碎石及矿料筛分通过率（%）					
	4号仓	3号仓	2号仓	1号仓	矿粉	水泥
26.5	100					
19	92.0					
16	60.1	100				
13.2	30.3	99.9				
9.5	0.4	89.4	100			
4.75	0.2	0.4	52.6	100		
2.36	0.2	0.2	0.2	86.9		
1.18	0.2	0.2	0.2	64.0		
0.6	0.2	0.2	0.2	39.6	100	
0.3	0.2	0.2	0.2	21.7	100	100
0.15	0.2	0.2	0.2	13.6	98.7	100
0.075	0.2	0.2	0.2	7.6	84.6	99.4
各种矿料所占比例（%）	41	23	9	23	2	2

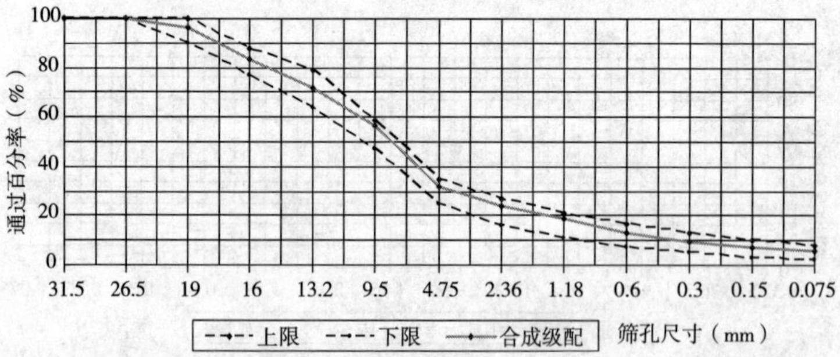

图5-16 AC-20C合成级配曲线图

4. SMA-13沥青混合料级配

沥青混合料拌和楼配筛为4mm、7mm、11mm、16mm的筛板，所对应料仓为1号仓0～4mm，2号仓4～7mm，3号仓7～11mm，4号仓11～16mm。矿料筛分结果见表5-19，合成级配曲线如图5-17所示。

SMA-13矿料检测结果　　表5-19

筛孔尺寸（mm）	碎石及矿料筛分通过率（%）					
	4号仓	3号仓	2号仓	1号仓	矿粉	水泥
16	100					
13.2	88.8	100				
9.5	5.0	86.4	100			
4.75	0.2	0.3	40.9	100		
2.36	0.2	0.1	0.1	78.0		
1.18	0.2	0.1	0.1	46.8		
0.6	0.2	0.1	0.1	29.9		
0.3	0.2	0.1	0.1	19.0	100	
0.15	0.2	0.1	0.1	13.2	100	100
0.075	0.2	0.1	0.1	8.7	93.6	99.5
各种矿料所占比例（%）	39.5	31	4.0	16	7.5	2.0

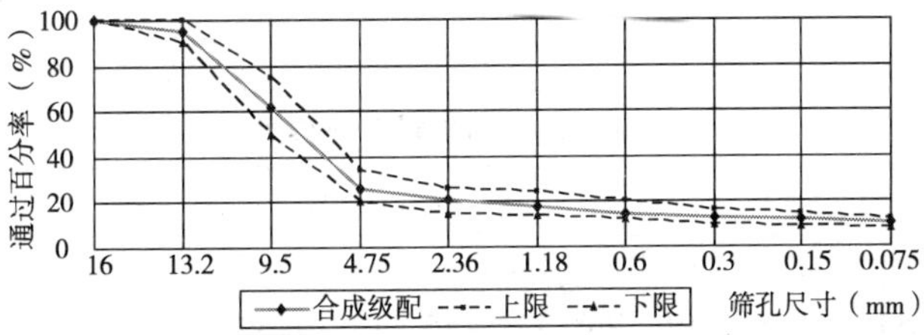

图5-17　SMA-13合成级配曲线图

5. 沥青混合料试验结果

按《公路沥青路面施工技术规范》推荐的马歇尔试验法，对ATB-30、AC-25、CAC-20C、SMA-13沥青混合料进行配合比设计，并进行高温稳定性、水稳定性、渗水系数检验。4种沥青混合料的试验结果见表5-20。

矿料间隙率虽然超出规范要求，但是考虑到广州天气炎热，适当放宽是允许的。除此以外，ATB-30、AC-25C、AC-20C以及SMA-13均满足国家相关规范。

6. 沥青混合料油石比与级配

在施工现场按频率随机抽取沥青混合料，对沥青混合料进行抽提筛分试验，其试验结果见表5-21。

沥青混合料试验结果 表5-20

测试项目	AC-25C		AC-20C		SMA-13		ATB-30	
	技术指标	实测值	技术指标	实测值	技术指标	实测值	技术指标	实测值
油石比（%）		4.1		4.5		6.1		3.5
毛体积相对密度		2.459		2.452		2.395		2.476
理论相对密度		2.565		2.559		2.494		2.588
空隙率（%）	4～6	4.1		4.2	3~4	4.0	3~6	4.3
矿料间隙率（%）	≥12.5	12.4	≥13	13.2	≥17.0	16.8	≥12	11.4
饱和度（%）	65～75	66.5	65~75	68.3	75~85	76.4	55~70	62.2
稳定度（kN）	≥8	11.42	≥8	13.77	≥6	10.15	≥15	23.10
流值（0.1mm）	15~40	29.9	15~40	32.2	—	29.7	—	30.3
动稳定度（次/mm）	≥2400	2673	≥2800	3560	≥3000	>6000	—	—
残留稳定度（%）	≥80	88.6	≥80	91.4	≥80	90.7	—	88.1
冻融劈裂强度比TSR（%）	≥85	85.9	≥85	86.7	≥80	87.4	—	—
析漏量（%）	—	—	—	—	≤0.1	0.07	—	—
渗水强度（mL/min）	—	—	—	—	≤80	0	—	—

路面取样抽提后矿料筛分结果 表5-21

混合料类型	名称	通过百分率（%）														油石比（%）
	筛孔尺寸（mm）	37.5	31.5	26.5	19.0	16.0	13.2	9.5	4.75	2.36	1.18	0.6	0.3	0.15	0.075	
ATB-30	测定值	100	99.1	87.5	62.2	55.6	49.2	40.7	29.8	22.1	16.9	12.5	9.5	6.6	4.4	3.54
		100	98.2	89.0	65.5	57.3	50.2	41.6	27.5	20.7	17.3	10.8	7.7	6.0	4.5	3.43
		100	98.5	86.2	61.9	54.8	48.9	43.9	28.9	22.5	15.0	12.3	8.2	5.4	3.8	3.57
	设计值	100	98.7	88.8	64.7	58.3	51.7	42.6	29.4	21.7	16.3	12.0	8.7	6.5	4.3	3.5
AC-25C	测定值		100.0	99.1	78.5	70.5	60.3	47.6	32.5	26.3	18.1	13.8	9.5	6.4	4.6	4.23
			100.0	98.2	81.3	71.7	61.4	48.2	30.4	24.7	16.5	12.5	10.1	7.2	5.1	4.12
			100.0	97.8	79.5	71.0	62.8	48.0	31.2	25.5	17.2	12.9	9.7	7.8	4.8	4.06
	设计值		100.0	99.3	79.9	71.3	62.1	48.9	31.8	25.3	17.9	13.2	9.3	6.9	5.0	4.1

续上表

混合料类型	名称	通过百分率（%）														油石比（%）
	筛孔尺寸（mm）	37.5	31.5	26.5	19.0	16.0	13.2	9.5	4.75	2.36	1.18	0.6	0.3	0.15	0.075	
AC-20C	测定值			100	97.9	86.4	74.8	58.0	34.0	23.5	18.2	13.7	10.1	7.9	5.9	4.61
				100	96.8	85.6	73.5	58.5	32.5	24.0	18.5	13.0	9.8	7.5	5.6	4.45
				100	97.1	86.0	72.9	57.0	33.3	23.8	17.9	14.1	10.3	6.9	5.2	4.47
	设计值			100	96.7	83.6	71.4	56.8	31.9	24.1	18.8	13.2	9.1	7.2	5.5	4.5
SMA-13	测定值					100	94.9	60.2	26.2	21.9	17.6	14.9	13.1	11.7	10.0	6.12
						100	96.6	59.1	26.8	20.6	18.0	15.2	13.7	12.8	10.7	6.20
						100	95.5	61.5	27.2	21.3	17.2	14.3	13.0	12.3	10.3	6.06
	设计值					100	95.7	59.3	25.8	20.9	16.4	13.9	12.4	11.5	10.4	6.1
ATB、AC允许偏差		±6	±6	±6	±6	±6	±6	±6	±6	±5	±5	±5	±5	±5	±2	±0.3
SMA-13允许偏差						±4	±4	±4	±4	±3	±3	±3	±3	±3	±2	±0.3

从表5-21可知，按本书推荐的集料加工工艺生产的集料粒径易于控制，在沥青混合料施工中级配变异很小，质量稳定。

5.5 沥青路面性能

对沥青路面示范段按规范要求频率进行了厚度、压实度、平整度、构造深度、渗水系数等检测，性能良好。

沥青路面压实度采用表干法测钻芯试件的毛体积相对密度。压实度和渗水系数均为每200m测1处，表5-22只列举了试验段部分段落检测数据，其他段检测数据相近。

路面压实度与渗水系数测试结果 表5-22

混合料类型	桩　　号	厚度（cm）	渗水（mL/3min）	压实度（%）
ATB-30	左幅K47+620	12	不渗	100.5
	左幅K47+660	11.2	50	101.1
	左幅K47+700	11.5	67	98.9
	左幅K47+730	9.8	342	100.6

续上表

混合料类型	桩　　号	厚度（cm）	渗水（mL/3min）	压实度（%）
ATB-30	左幅K47+720	10.5	不渗	99.2
	左幅K48+200	12.5	不渗	101.2
	左幅K48+300	11.9	不渗	100.3
	左幅K48+400	11.7	不渗	100.4
	右幅K47+685	11.8	不渗	99.9
	右幅K47+785	12.3	不渗	102.1
	D匝道	10.2	不渗	98.2
	E匝道	12.2	不渗	100.0
	中江互通X匝道	15.7	82	99.4
	中江互通N匝道	12	不渗	99.9
	中江互通P匝道	11.5	10	99.4
	中江互通V匝道	12	3	101.4
	P2桥关	12.2	3	102.1
	中江互通T匝道	12	67	101.3
	中江互通T匝道	9.8	120	99.3
统计分析	平均值	11.73	—	100.27
	标准差	1.27	—	1.08
	代表值	11.22	—	99.85
AC-25C	右幅K47+600	6.8	不渗	95.8
	右幅K47+660	7.3	不渗	97.8
	右幅K47+732	7.6	47	102.4
	右幅K47+821	9.0	4	99.3
	右幅K48+110	7.2	不渗	100.7
	右幅K48+330	11.0	不渗	100.7
	左幅K47+670	7.2	不渗	101.2
	左幅K47+870	7.0	不渗	100.0
	左幅K48+070	9.0	不渗	100.9
	左幅K48+340	7.6	不渗	100.2
统计分析	平均值	7.97	—	99.6
	标准差	1.31	—	2.68
	代表值	7.21	—	98.05

续上表

混合料类型	桩　　号	厚度（cm）	渗水（mL/3min）	压实度（%）
AC-20C	左幅K43+050	6.3	50	100.0
	左幅K43+200	6.3	33	99.5
	左幅K43+350	6.2	60	98.0
	左幅K43+500	5.8	50	99.6
	左幅K43+730	4.9	110	98.7
	左幅K43+740	6.0	67	99.6
	左幅K44+030	5.9	67	98.7
	左幅K44+180	6.7	50	98.4
	左幅K44+360	5.4	40	99.8
	左幅K44+560	6.1	33	99.3
	左幅K44+780	8.1	不渗	100.1
	左幅K46+970	5.3	40	100.5
	左幅K47+220	6.0	33	98.0
	左幅K47+420	6.3	33	100.7
	左幅K45+050	6.3	不渗	98.3
	左幅K45+255	5.7	不渗	100.1
	左幅K45+470	6.3	不渗	99.7
	左幅K45+655	6.0	50	98.7
	左幅K45+955	6.2	不渗	99.1
	左幅K46+300	5.5	17	99.7
	右幅K41+970	6.0	8	100.6
	右幅K42+190	6.2	67	98.3
	右幅K42+310	6.6	27	98.0
	右幅K42+490	6.4	60	99.5
	右幅K42+680	6.5	110	99.3
	右幅K43+550	7.4	不渗	100.9
	右幅K43+850	5.5	不渗	97.6
	右幅K44+150	6.0	33	100.1
	右幅K44+350	6.0	200	99.4
	右幅K44+650	5.9	不渗	97.6

续上表

混合料类型	桩　　号	厚度（cm）	渗水（mL/3min）	压实度（%）
统计分析	平均值	6.13	—	99.26
	标准差	0.60	—	0.94
	代表值	5.94	—	98.97
SMA-13	右幅K40+200	3.7	0	99.5
	右幅K40+240	3.8	100	98.7
	右幅K40+340	4.0	97	98.2
	右幅K40+380	3.9	83	99.5
	左幅K40+162	4.2	32	98.0
	左幅K40+360	4.4	37	101.5
	左幅K40+442	3.7	62	97.5
	左幅K40+680	4.8	不渗	101.2
	左幅K40+880	4.3	42	100.2
	左幅K41+080	4.0	17	98.8
	左幅K41+240	4.0	50	99.2
	左幅K41+440	4.5	63	98.8
	左幅K41+640	3.8	87	99.1
	左幅K41+918	4.6	53	100.5
	左幅K42+140	4.4	不渗	98.9
	左幅K42+300	3.4	不渗	101.1
	左幅K42+450	3.2	13	98.2
	左幅K42+660	4.2	50	98.1
	左幅K42+960	4.0	110	98.8
	左幅K43+140	3.9	40	100.2
	左幅K43+226	4.4	27	100.4
	左幅K43+468	3.6	不渗	98.4
	左幅K43+660	3.6	68	99.1
	左幅K43+860	4.2	17	97.1
	左幅K44+100	3.4	87	98.4
	右幅K40+620	4.2	103	99.6
	右幅K40+820	4.0	不渗	98.5
	右幅K41+020	4.5	27	99.4

续上表

混合料类型	桩　　号	厚度（cm）	渗水（mL/3min）	压实度（%）
SMA-13	右幅K41+220	3.9	127	99.5
	右幅K41+370	4.2	267	98.0
	右幅K41+570	4.1	不渗	98.3
	右幅K41+770	4.2	343	100.8
	右幅K42+040	4.5	不渗	99.3
	右幅K42+240	4.1	10	99.3
	右幅K42+440	4.5	133	99.8
	右幅K42+700	3.7	130	98.1
	右幅K42+850	4.2	240	99.7
	右幅K43+000	3.9	20	100.2
	右幅K43+210	3.9	7	98.4
	右幅K43+420	3.8	47	97.8
	右幅K43+620	3.9	不渗	98.8
	右幅K43+820	4.2	400	98.4
	右幅K44+020	4.4	120	97.6
统计分析	平均值	4.05	—	99.00
	标准差	0.35	—	1.11
	代表值	3.96	—	98.71

表5-22的检测结果表明，该实验路段的沥青层的厚度、压实度代表值均满足规范要求，渗水系数小，路面性能良好。

太澳高速公路广珠西段使用集料加工新技术后，沥青路面用原材料质量稳定，沥青混合料拌和楼几乎无溢料和废料，沥青混合料级配变异小，质量稳定，施工的路面各项性能指标满足规范要求，能延长使用寿命，具有良好经济效益和社会效益。

5.6 经济效益分析

集料加工关键技术在太澳高速公路广珠西线成功应用。该路段长45.573km，路面宽度30m，路面结构为：20cm级配碎石垫层，20cm水泥稳定碎石底基层，20cm水泥稳定碎石下基层，10cm ATB-30沥青碎石上基层，8cm AC-25C路面下面层，6cm AC-20C路面中面层，4cm SMA-13路面上面层。沥青层总厚度28cm，45.573km碎石用量约为39万立方米，标准化工艺生产的碎石价格为125元/压实方，传统工艺生产的碎石价格为120元/压实方，沥青4500元/吨，沥青混合料620元/压实方，沥青混合料密度按2.45吨/立方米，应用了集料标准化加工技术后产生的经济效果为：

（1）改善颗粒形状和表面纹理，提高了集料的嵌挤性能，合成级配曲线较理想，导致用油量比以往工地下降0.1%，所节约的费用为：39×2.45×0.1%×4500=429.975万元。

（2）因碎石变异性导致拌和楼溢料、废料的损失比以往工地减少1%，节约的费用为：39×120×1%=46.8万元。

（3）按集料标准化加工工艺进行集料加工，施工中几乎无离析返工现象，旧方法出现的离析返工损失，按以往工地经验占0.5%，新工艺节约的费用为：39×620×0.5%=120.9万元。

（4）采用集料标准化加工技术，早期破坏几乎没有，养护费用大大节约，按现行的标准每年大概为3万元/km，缺陷责任期内节约养护费50%，其费用为：45.573×3×2×0.5=136.719万元。

（5）标准化工艺生产的碎石与传统工艺生产的碎石相比，费用高：39×125−39×120=195万元。

太澳高速公路广珠西段项目合计节约539.394万元，平均每公里节约11.835万元。

6　国内外集料加工管理状况

无论是从理论上、还是实践上，国内外关于集料对沥青路面性能的影响和重要意义的认识是基本一致的。尤其随着道路建设的发展和技术进步，对沥青路面集料质量的重视与日俱增，对集料的质量要求也越来越高。集料的规格、形状、性能、稳定性等受加工工艺、岩石资源、检测评价水平、管理机制、市场体制等多方面因素的影响。不同国家和地区采取不同的方式加工、管理集料，各有其优势。

6.1　国内外集料加工和管理基本现状

欧美等发达国家在沥青路面集料的加工设备、工艺、质量控制、管理机制等方面较先进，集料的质量和稳定性有良好的基础，连续式拌和楼在美国等地的广泛应用也是其集料质量优良、稳定的真实写照。欧美等国沥青路面集料生产的工业化水平较高，生产规模较大，尤其在节能、环保、管理等方面可为我国沥青路面集料加工和管理提供有益的参考。同时由于大规模的建设，导致了天然集料的缺少，欧洲在《集料指南》中提及了优先使用人工集料，这项提议对于集料加工与管理质量提出了更高的要求。国外也存在由于公路建设对集料的用量较大，材料来源不统一导致的集料规格和集料级配不能保持一致性等问题。国外集料加工自动化程度较高，进一步提高了集料的加工和管理质量。在2000年美国国家沥青技术中心（NCAT）在承担的公路联合研究项目“热拌沥青混合料路面的离析”中提出热拌沥青混合料在生产、运输、摊铺过程中的不当操作会造成混合料粗细集料分布不均，产生级配离析；拌和楼热料仓不正确进料而引起的卡车末端离析/一端离析，也是由于集料加工与管理不善导致的。

国外砂石集料被广泛地用于柔性道路、刚性道路和城乡道路。集料不仅用于基层和底基层，还用于对道路要求不高的低等级道路或乡村道路的面层。美国

Indiana州按照统一的材料标准将集料进行分类，并且建立对各种级配进行编号，便于不同的路面结构类型以及各种层位选用相应的集料和适合的级配。这种方法更易于管理和操作，值得我国借鉴。

沥青路面集料加工涉及到管理和技术两方面的问题。近年我国各地从集料加工的管理和技术两方面采取不同措施加强集料质量，但整体上各地集料加工管理水平差异较大，沥青路面集料的加工管理水平整体上还较低，表现在设备、工艺、管理等方面不配套和相对落后；同时缺乏关于沥青路面集料的加工、管理方面相关技术指南、检验规程等；部分地区集料加工管理薄弱，缺乏对集料加工企业的管理和监督，对集料的开采、生产缺乏规划和计划指导，造成集料市场波动较大，不同程度地影响了沥青路面的质量和进度。

我国大部分石料生产处于小规模和半机械化程度，管理水平相对较低。沥青路面集料加工管理主要有以下3种模式：

第一种模式，少数高速公路建设发达省份，已采取中外合资方式，引进国外资金和先进加工设备，建立大型集料加工基地，比较彻底改变了原来的落后局面。这种模式对改进集料质量效果较好，但投资较大，实际操作有一定难度。

第二种模式，一条高速公路动工，沿线的石场就被当地的小型企业把持着，用落后的设备加工质量差的集料。业主或施工单位不得不买这些地方集料，往往没有加工监控和验收制度，难以控制集料质量。

第三种模式，工程项目的业主或施工单位自己组织集料加工，由于组织生产单位的经验不同，集料加工筛孔乱用情况普遍，验收制度松弛，集料加工质量也很难保证，但往往缺乏专业性和延续性，成本也比较高。

由于国内沥青路面集料加工和管理存在着较大问题，导致国内沥青路面质量相对不高，容易出现病害。

6.2 集料加工和管理存在的主要问题

国内多数集料生产加工厂家是按照《公路沥青路面施工技术规范》（JTG F40—2004）规定的每种规格集料的公称粒径范围的两个筛孔加工集料。对加工的集料进行抽样检测，抽取的沥青路面中、下面层用集料20组筛网的80档集料，将各档集料按相应的规格要求检验，合格率只有58%，多个工程项目现场取样抽提筛分资料统计表明，当前沥青路面各层混合料的级配变异系数都在8%以上，甚至高达15%，集料质量差成为路面病害多和使用寿命短的主要原因。

导致集料质量差的主要原因有：①集料生产与使用通常是两个不同的单位；②销售价格与质量不挂钩，集料生产单位只关心规范或顾客提出的要求，而不关心是否能获得最好的质量；③使用者关心价格，只要求满足规范或设计的基本要求。

例如，作者对广东某施工项目周边地区19家集料加工厂生产情况进行调研，在每个石料加工厂提取样品，参照《公路沥青路面施工技术规范》（JTJ F40—2004）中表4.8.2对集料性能指标的要求，对所取石料样品进行压碎值、含泥量、针片状颗粒含量及石质均匀性试验，试验结果及统计分析见表6-1。

调查集料的性能指标试验结果　　表6-1

序号	石场名称	岩性	压碎值（%）	含泥量（%）	石质均匀性	针片状（%）
1	前进石场	花岗岩	23.4	合格	不均匀	20.4
2	圆角围石场	花岗岩	15.8	不合格	不均匀	20.9
3	长隆石场	石英岩	33.1	合格	均匀	21.4
4	虾仔山石场	花岗岩	18.1	合格	较均匀	27.3
5	银中石场	花岗岩	17.6	合格	均匀	22.5
6	田野石场	石灰岩	19.6	合格	不均匀	14.0
7	程景石场	石灰岩	19.1	合格	不均匀	28.0
8	龙口山石场	花岗岩	19.8	不合格	均匀	21.7
9	双龙石场	花岗岩	16.2	合格	均匀	21.7
10	益丰石场	花岗岩	15.8	合格	均匀	20.9
11	庆丰石场	花岗岩	19.4	合格	均匀	21.2
12	董荣石场	砂岩	32.3	不合格	不均匀	18.8
13	东董石场	砂岩	36.5	不合格	不均匀	19.9
14	建设石场	花岗岩	20.6	合格	均匀	24.4
15	龙门石场	花岗岩	21.6	合格	均匀	20.0
16	咀头石场	石灰岩	18.9	合格	不均匀	23.2
17	太平山石场	花岗岩	18.9	合格	均匀	5.5
18	东威石场	花岗岩	19.3	合格	均匀	8.9
19	张队石场	玄武岩	18.2	不合格	均匀	12.8

根据表6-1试验数据可知，在所取的19家石料加工厂样品中，石料针片状颗粒含量不符合规范对粗集料针片状颗粒含量（≤18%）要求的占15个，其合格率仅有21.0%，而其他几个指标不满足要求的仅占到少数，其合格率都超过了60%。针对此种现状，对这19家石料加工厂进行进一步深入调查，发现有近一半

的石场只是进行了一级破碎（即颚式破碎），且设备陈旧、老化比较厉害，导致石料的针状及片状颗粒含量偏高。少数几个石场采取了二级破碎（即颚式破碎+圆锥破碎），但使用的圆锥式破碎机设备都是弹簧式圆锥破碎机和液压圆锥破碎机，这两种机型对石料无法进行选择性破碎，同时其破碎腔腔形设计及与之相匹配的参数设置也存在不合理的地方，因此产生针片状颗粒含量仍是较多的。仅有少数几个石料加工厂采取了比较合理的石料加工工艺。例如张队石场采取了三级破碎（即颚式破碎+圆锥式破碎+立式冲击式破碎机）；太平山石场采取了四级破碎（即颚式破碎+圆锥式破碎机+二级反击式破碎），其加工流程如图6-1所示。这几个石场的针片状颗粒含量的控制都比较好，最少的太平山石场针片状颗粒含量仅为5.5%，完全能够满足高速公路建设的需求。为了提高我国高速公路沥青混凝土路面使用寿命，目前的石料加工厂有必要根据高速公路要求对石料的加工与管理加以改善。

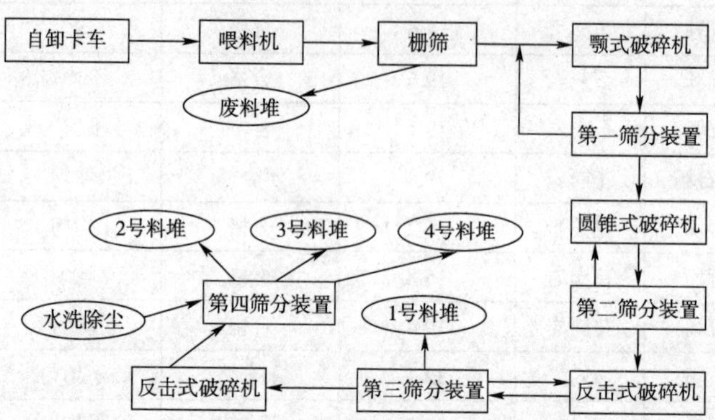

图6-1　集料加工工艺流程

造成集料加工管理落后局面的原因主要是《公路沥青路面施工技术规范》（JTG F40—2004）规定了14种粗集料规格和两种细集料规格，但没有交待用一组什么样的筛孔才能准确加工出这些规格集料。虽然它对每种规格集料规定了公称粒径范围，但实践证明，除了其中个别规格可以按照表示公称粒径范围的两个筛孔加工该档集料以外，其余规格均不能这样做。用不合理的筛组加工的集料，不合格率是很高的。同时集料加工厂缺少专业技术人员，不知破碎机反击板与板锤之间的间隙应调试到何种程度，生产出的集料级配、性能波动较大，缺乏具体控制指标。

调研结果表明我国沥青路面集料加工的常见问题主要表现为：厂家众多，设备落后，技术管理落后，不配套，石料质量较差，生产碎石粒径超大，针片状多，粉尘多，生产场材料混乱，施工现场碎石来源乱，碎石堆放不规范，碎石二次污染现象普遍，部分碎石含软石，风化岩较多等。“规格料不规格”是中国沥青面层用集料的一个比较突出的问题，从碎石场采购的同一规格的集料，其颗粒组成的变异性常有显著差异。各档料级配变异性大将严重影响混合料级配的稳定，集料已成为目前我国沥青路面施工中最不稳定、最难控制、影响最大的一个焦点问题，也是影响沥青路面质量的一个最显著因素，集料质量达不到要求，导致沥青路面性能降低，出现早期损坏，集料问题正逐渐得到有关单位和部门的重视。我国在施工设备、工艺、沥青材料等性能达到国际先进水平的情况下，沥青路面质量及耐久性却显著低于国际先进水平，集料加工生产水平低下是其中的一个重要原因。

调研结果表明，出现集料加工生产领域长期落后现象的原因：一是集料加工筛孔乱用，加工的集料合格率低；二是破碎机反击板与板锤之间的间隙未调试到位就正式生产集料；三是集料规格质量控制指标不明确，验收制度松弛或根本没有验收制度，致使集料级配变异性极大；四是同一宕口集料密度变异的控制问题；五是沥青路面施工技术规范只提出沥青混合料用粗、细集料规格要求，但没有给出这些规格集料的标准化加工技术。

集料加工方面缺乏系统研究的原因之一是多数集料加工企业技术、管理水平很低，缺乏对集料加工的科研、技术投入和质量意识，而目前科研机构介入集料生产加工还有一定难度。实践证明，集料生产加工企业通过加大科技、管理投入，不仅可以显著提高集料产品质量，也可以提高企业经济效益和形象，提高企业的竞争力。也有部分工程项目自行生产加工集料，但往往缺乏专业性和延续性，也会增加成本，对提高集料质量的效果也不显著。

6.3 集料加工和管理发展趋势

在国外，砂岩石料使用单位往往会针对公路建设要求对石料生产企业提出相应的条件与要求。以美国为例，集料使用单位是各州的交通局，会对生产商建立一套严格的管理程序和办法，并根据质量认证体系达标情况选择材料供应商；欧州各国都针对集料加工与管理实施建立了严格体系并严格执行，集料使用情况得到了很好的规范化，并在实际工程中取得了良好的使用效果。欧洲部分国家明确规定鄂式破碎机作初级破碎机，标准的圆锥破碎机作次级破碎机。要求碎石生产厂生产出期望的产品尺寸与形状，具有足够的承载能能力，安全处理不可破碎材料，最少的操作人员，满足破碎要求而不需补充破碎步骤及附加设备，降低生产能耗，提供长期可靠的服务寿命。破碎机、筛分机、除尘机配合使用，强调最终产品的一致性。

近年我国各省在加强沥青路面集料质量方面采取了多项措施，包括制定集料质量规定、集料生产工艺规定、集料生产企业管理要求、市场准入制度、集料采购招投标制度、监督检查机制以及宣传培训工作，对提高沥青路面集料质量起到了显著作用。在政府相关部门的规范和指导下，整体上我国沥青路面集料加工发展的趋势是规范化、标准化、市场化、规模化、管理现代化，随着发展对集料生产加工的环保、节能的要求更高，要求集料生产加工必须满足绿色、环保、节能、效率要求。

我国沥青路面集料加工技术和管理是伴随着沥青路面建设逐渐发展的，整体上发展时间还较短，沥青路面施工技术近5～10年的发展较快，但沥青路面集料加工技术和管理发展的相对滞后，经济发达地区的集料加工技术和管理发展较快。其中江苏等省的集料加工技术和管理较快，也比较有代表性，下面介绍代表性省市在集料加工和管理的情况及发展趋势。

江苏省高速公路建设规模大、加上点多线长，每年仅沥青混凝土面层集料的用量就在350万吨左右。“九五”以前，江苏的石料生产厂家生产设备陈旧，规模较小，生产和管理人员素质较差，多为作坊式经营，无法满足江苏高速公路建设用路面集料的质量和产量需要。根据当时石料厂生产的状况，2000年起江苏省高速公路建设指挥部为了提高沥青混凝土面层集料的质量，结合江苏的实际状况，积极推行全面质量管理，制定了面层集料质量管理办法，江苏省高速公路建设指挥部制定了《关于加强沥青混凝土路面面层集料质量管理的通知》，并从2000年开始，江苏省、市高速公路指挥部对面层集料实行公开招标采购。实行招标制度以后，集料质量明显提高，且到工地价格降低了20%左右。同时，江苏省高速公路指挥部首开全国之先河建立了“沥青混凝土路用集料的准入管理制度”。高速公路路面用集料的“准入”，依据是江苏省质量检测部门、科研单位、使用单位集料质量综合评定的结果，采取质量一票否决制。江苏省高速公路指挥部每年对各供料厂进行质量复核年审，评审不合格者将予淘汰。通过准入管理，促进了石料厂的良性竞争，促使石料厂商想方设法去提高集料的质量和降低集料的价格。目前，江苏不少石料厂又掀起生产设备更新换代和技术改造的热潮，形成了一些具有一定规模、管理先进、信誉良好的集料加工企业，江苏的沥青混凝土面层集料质量可望进一步提高。

河南省是道路建设大省，近年也加强了对沥青路面集料加工的管理，提出了沥青路面对粗细集料的质量要求，对碎石生产厂所用石料进行检测确认，确保岩石质量能够满足技术规范要求，并对采石场提出管理方面的措施及制度。对碎石生产厂的筛子、破碎机、除尘设备提出要求，确保生产的粗细集料质量符合技术规范要求。对碎石厂进行检验认证，认证合格后发给市场准入证。每隔一段时间进行抽检，抽检不合格的收回市场准入证。

浙江省到2009年底，全省的高速公路通车里程已达3072公里，目前正处于高速公路建设的高峰期。总结浙江省历年来高速公路的建设情况，路面质量与部分省市相比还有一定差距，其中集料供应管理不严、质量得不到有效控制是重要因素之一。为加强沥青路面面层石料质量的监督、管理，切实把好沥青路面原材料质量的源头关，决定在《浙江省干线公路沿线沥青路面适用石调查与研究》课题研究成果的基础上，2006年浙江省发布了"关于加强浙江省高速公路沥青路面面层石料质量管理的通知"，对高速公路沥青路面适用石料的分布、储量、材质等进行调查与检测，从而选定适合浙江省高速公路沥青路面面层石料的单位。"通知"规定浙江省各高速公路项目业主必须在浙江省交通厅选定的石料生产企业名单中选择沥青面层所用石料。对高速公路沥青路面面层石料质量实施监督管理的程序，采取放开市场、主动申报、优质优选原则。为确保石料质量，对已选定的生产企业实施复查制。每两年复查一次，先由企业在网上填报复查表，再经浙江省高速网络工程办公室组织考核复查。

2009年山东省编制了《公路工程人工砂石集料加工工艺规程》（DB37/T1393—2009）。山东省多家料场的集料生产加工工艺如下：

（1）石灰岩主要有两种破碎方法：一是单级破碎，如颚破；二是两级破碎，如颚破+锤破、颚破+反击破、反击破+反击破。

（2）玄武岩主要有两种破碎方法：一是两级破碎，如颚破+锤破、颚破+反击破；二是三级破碎，如颚破+圆锥破+反击破、颚破+圆锥破+立轴冲击破（石—石）、颚破+圆锥破+立轴冲击破（石—铁）。

《山东省公路工程砂石集料技术标准研究》研究成果表明：①采用间隙率改进方法计算的颗粒指数I_{ap}来表征粗集料棱角性，适合山东省内的高速公路、一级公路用粗集料棱角性I_{ap}合理限值范围为20%～28%；二级公路用粗集料棱角性I_{ap}合理限值范围为20%～34%；其他等级公路用粗集料棱角性I_{ap}合理限值范围为20%～40%；②采用间隙率U或流动时间S表征机制砂棱角性，适合山东省内的机制砂间隙率U合理限值范围为35%～46%，流动时间S合理限值范围为35～46s。由于流动时间法试验简单、易精确控制，优先采用流动时间S表征机制砂棱角性；③适合山东省内的石灰岩粗集料针片状颗粒含量控制标准可见（JTG F40—2004）中的粗集料针片状颗粒含量质量要求，而玄武岩粗集料针片状颗粒含量应控制在12%以内；④适合山东省内的粗集料水洗法<0.075mm颗粒含量控制标准

为不大于1.0%，且采用亚甲蓝值试验方法来控制黏附在粗集料表面上的膨胀性黏土含量，并保证水洗法<0.075mm颗粒含量大的粗集料在储运过程中不受雨淋；⑤同时采用砂当量和亚甲蓝值表征细集料洁净度，适合山东省内的机制砂洁净度指标控制标准。

广东省对沥青路面集料加工关键技术进行了研究，提出了利用标准化筛孔的筛网，通过准确调试和监控破碎机反击板与板锤之间的间隙，严格按照沥青路面施工技术规范关于各种规格集料的级配要求，大规模加工合格集料的技术。已在广东省的太澳高速公路、广梧高速公路等十几项工程中应用，取得了良好的效果。改变了沥青混合料配合比设计迁就集料加工的局面，减少了混合料级配的变异性和路面离析现象，大大提高了路面的密水性和均匀性，减少了拌和楼的溢料、等料现象，减少了燃料消耗，提高了生产率，降低了成本。超过400km的路面施工实践证明，沥青路面集料加工关键技术是解决沥青路面水损害和车辙变形等早期病害的有效措施。根据研究成果制定了广东省沥青路面集料加工地方规定，以规范广东省各集料生产加工市场。

参 考 文 献

[1] 沙庆林.高速公路沥青路面早期破坏现象及预防[M].北京：人民交通出版社，2001.

[2] 沈金安，李福普等.高速公路沥青路面早期破坏研究及对策[M].北京：人民交通出版社，2004.

[3] 刘涛，杨东来，黄维蓉等.沥青路面集料加工关键技术研究[R].2010.

[4] 刘涛，赵文声，郭小宏等.沥青路面施工配套关键技术[R].2007.

[5] 刘涛，杨东来，黄维蓉等.沥青路面施工配套关键技术推广应用[R].2011.

[6] 张登良.沥青路面施工质量手册[M].北京：人民交通出版社，2004.

[7] 赵文声，刘涛.加强配合比设计克服抗滑层水损害[J].公路交通技术，2004.10.

[8] 刘涛.集料密度对沥青混合料空隙率影响及应用研究[J].华中科技大学学报，2009.3.

[9] 刘涛，李洲.沥青混凝土搅拌站配筛技术的探讨[J].公路交通技术，2003.8.

[10] 刘涛.沥青混凝土路面施工规模研究[J].广东交通职业技术学院学报，2006.9.

[11] 陈泰浩，刘涛，吴枚良，梁锡三.用传统方法加工的集料质量评价[J].公路交通技术，2007.4.

[12] 任永利，刘涛，梁锡三.沥青路面集料加工质量控制[J].长安大学学报（自然科学版），2008.1.

[13] Weirong Huang, Tao Liu, Donglai Yang. Research of grading' s influence on asphalt mixture' s water stability [J]. ICAL 2011 IEEE International Conference on Automation and Logistics Copyright © 2011. 2011.8.

[14] Weirong Huang, Ping Yu, Xing Huang. Study on Grading envelope of AC-

16 Asphalt Mixture Based on Rutting Resistance Performance[J]. ICAL 2011 IEEE International Conference on Automation and Logistics Copyright © 2011. 2011.8.

[15] NCHRpREpoRT386. Design and Evaluation of urge Stone Asphalt Mixes(R). TransPortation Research Board National Research Couneil, 2000.

[16] Weirong Huang, Xiaohong Guo, Bangyin Liu.Recycling Mechanisms of Aged Asphalt Based on Infra-Red Spectroscopy[J]. Proceedings of The 1ST International Conference on Sustainable Construction £ Risk Management. 2010.6.

[17] KandalPS. LargeStoneAsPhaltMixes: DesignAndConstruetion(R). NCATRePort, 1990.

[18] Weirong Huang, Xiaohong Guo, Bangyin Liu. Research on Effects of Rejuvenating Agents on Aged Asphalt[J], Proceedings of The 1ST International Conference on Sustainable Construction £ Risk Management. 2010.6.

[19] 梁锡山.沥青混合料设计及质量控制原理[M].北京：人民交通出版社，2008.

[20] 中华人民共和国行业标准.（JTG F40—2004）公路沥青路面施工技术规范[S].北京：人民交通出版社.2004.

[21] 美国沥青协会[著].高性能沥青路面（Superpave）基础参考手册.2005.

[22] 中华人民共和国行业标准.（JTG E42—2005）公路工程集料试验规程[S].北京：人民交通出版社，2005.

[23] 中华人民共和国行业标准.（JTJ 052—2000）公路规程沥青与沥青混合料试验规程[S].北京：人民交通出版社，2000.

[24] 郝培文，刘红瑛.沥青路面施工质量控制与验收务实[M].北京：人民交通出版社，2007.

[25] 封建武，温高峰.高速公路病害分析与处治技术[M].北京：人民交通出版社，2009.

[26] 张肖宁.沥青路面施工质量控制与保证[M].北京：人民交通出版社，2009.

[27] 广东省交通运输厅，沥青路面应用技术指南[R].2009.

[28] 黄维蓉，宋涛，何兆益，冉龙飞，胥吉.沥青混合料工程设计级配范围研究[J].重庆交通大学学报（自然科学版），2010.10.

[29] 沈金安.沥青及沥青混合料路用性能[M].北京：人民交通出版社，2001.

[30] 陈国明，谭忆秋等.粗集料棱角性对沥青混合料性能的影响[J]，公路交通

科技，2006.3.

[31] 张金柱等.集料针片状含量对沥青混合料的影响分析[J]，甘肃科技，2007.11.

[32] 黄景海.集料含泥量对沥青混合料水稳定性影响分析[J]，交通科技与经济，2008.5.

[33] 程小云，张争奇.粗集料形状对热拌沥青混合料永久变形力学行为的影响[J].中外公路，2008.6.

[34] 彭余华等.级配对沥青混合料集料离析的影响[J].交通运输工程学报，2008.5.

[35] 赵战利，张争奇，胡长顺.集料级配对沥青路面抗滑性能的影响[J].长安大学学报（自然科学版），2005.1.

[36] 廖志高.采用二级破碎的沥青面层集料加工与质量控制[J].养护机械与施工技术，2006.10.

[37] 刘永清.高速公路沥青路面集料的选择与加工[J].中国建设信息，2008.2.

[38] 廖荣宁等.高速公路沥青面层用集料加工技术与质量控制[J].广东科技，2006.11.

[39] 谭忆秋，宋宪辉，纪伦等.粗集料性能对沥青混合料高温性能的影响[J].中国公路学报，2009.1.

[40] 韩海峰，吕伟民.细集料棱角性对沥青混合料性能的影响[J].同济大学学报，2002.3.

[41] 谢兆星，李鼎乐，韩森等.针片状颗粒含量对沥青混合料性能的影响[J].建筑材料学报，2007.6.

[42] 郭学东，高春妹.集料清洁度对沥青混合料水稳定性的影响研究[J].公路交通科技，2009.2.

[43] 黄维蓉.沥青稳定碎石混合料（ATB-25）的高温稳定性研究[J].公路，2009.12.

[44] 杨勇顺，刘清泉，高雪池等.山东省公路工程砂石集料技术标准研究[R].2009.

[45] 朱红娟，刘涛，黄兴.沥青混合料级配的控制[J].广东公路交通，2009.2.